Le Service de Secours

DE LA

SOCIÉTE DE LA CROIX-ROUGE

DU JAPON

PENDANT LA GUERRE DE LA 27ᵉ-28ᵉ ANNÉE DE MEIJI

(1894-1895)

PARIS

A. PEDONE, ÉDITEUR

13, RUE SOUFFLOT, 13

1897

Le Service de Secours

DE LA

SOCIÉTÉ DE LA CROIX-ROUGE

DU JAPON

PENDANT LA GUERRE DE LA 27e-28e ANNÉE DE MEIJI

(1894-1895)

PARIS

A. PEDONE, Éditeur

LIBRAIRE DE LA COUR D'APPEL ET DE L'ORDRE DES AVOCATS

13, RUE SOUFFLOT, 13

—

1897

Haut Patronage

La Société japonaise de la Croix-Rouge est placée sous le haut patronage de Leurs Majestés Impériales l'Empereur et l'Impératrice qui, pour marquer tout l'intérêt qu'elles portent à cette œuvre, veulent bien lui accorder une subvention annuelle de 5,000 yen, prise sur la liste civile. Ils ont, en outre, confié la direction et la surveillance de ses travaux au ministre de la maison de l'Empereur, conjointement avec le ministre de la guerre et le ministre de la marine.

La Société s'honore d'avoir toujours pour président d'honneur un membre de la famille impériale. C'est l'Empereur qui ratifie la nomination du président et du vice-président de la Société, et c'est aussi lui qui approuve celle des autres fonctionnaires. L'admission d'un nouveau membre est toujours précédée d'un rapport fait à l'Empereur ; après cette formalité, la Société délivre au candidat un diplôme signé par le président d'honneur.

Une telle sollicitude à l'égard de notre Société témoigne hautement du désir sincère de Leurs Majestés Impériales de voir se réaliser le but que s'est proposé le Japon en adhérant à la Convention de Genève, but tout entier d'humanité et de bienfaisance, puisque l'œuvre poursuivie par la Croix-Rouge consiste à porter secours, sans distinction de drapeau, à tout soldat qui tombe blessé ou qui tombe malade sur les champs de bataille.

S. M. l'Impératrice daigne assister à chaque réunion générale de la Société et y prendre la parole. A la 2ᵉ réunion

générale qui eut lieu le 23 juin de la 21ᵉ année de Meiji (1888).
Elle prononça les paroles suivantes :

> « *Les soldats qui sont sous les drapeaux et qui s'exposent*
> » *sur les champs de bataille, se dévouent pour la patrie ; à*
> » *ce titre, nous leur devons tous, quelle que soit notre condi-*
> » *tion, porter le plus vif intérêt. Aussi m'est-il très agréable*
> » *de voir votre Société déployer tant d'humanité et de bien-*
> » *veillance pour le soulagement, sans distinction de parti,*
> » *de cette classe d'hommes qui nous est si sympathique.*
> » *Je ne puis que m'en réjouir et vous encourager, Messieurs,*
> » *à poursuivre votre belle œuvre avec persévérance.* »

Accomplir, le cas échéant, leur œuvre de secours volontaire et se montrer toujours à la hauteur des nobles sentiments d'humanité de Leurs Majestés Impériales, tel était
le désir de tous les membres de la Société, quand éclata, en
1894, l'affaire de Corée qui fut suivie de la guerre sino-japonaise et de l'expédition de Formose. Des combats plus ou
moins vifs eurent lieu, à plusieurs reprises, pendant les fortes
chaleurs de l'été et les froids rigoureux de l'hiver, et très
nombreux furent les blessés et les malades japonais et chinois. Pour leur porter secours, notre Société ne s'épargna
aucune fatigue, ni le jour ni la nuit. Si l'on peut dire que,
dans une certaine mesure, elle obtint quelques heureux résultats, elle les doit, sans aucun doute, au patronage constant
de Nos si bons et si généreux souverains.

Nous devons dire, en effet, que la bienveillance, dont Leurs
Majestés avaient donné des marques maintes fois répétées
en temps de paix, se montra plus évidente encore au milieu
des agitations de la guerre. Notre armée n'a pas oublié la
vive émotion que lui ont causée les paroles de consolation et
d'encouragement de Leurs Majestés Impériales, car elles
démontraient combien Elles se préoccupaient des privations
endurées par les défenseurs de la patrie à l'intérieur comme
à l'extérieur et combien Elles compatissaient aux souffrances
des blessés et des malades.

Le 13 novembre de la 27ᵉ année de Meiji (1894), Sa Majesté l'Impératrice daigna faire don à notre Société de 6,000 bandes de pansement et nous le fit notifier par M. Kagawa, grand-maître de sa cour. Ces bandes, qui avaient été confectionnées par l'Impératrice elle-même et par les dames de sa cour, étaient destinées aux hôpitaux où se trouvaient en traitement des militaires blessés. Nous ne saurons jamais assez reconnaître cette marque de touchante bonté.

Le 20 mai de la 28ᵉ année de Meiji (1895), notre Société envoya au Ministère de la marine 1,200 des dites bandes pour être distribuées aux malades qui se trouvaient dans les hôpitaux des amirautés, et les 4,800 autres bandes furent partagées entre les différents hôpitaux militaires de tout l'Empire, proportionnellement au nombre respectif des malades.

L'Association des dames françaises, informée de la bienveillante sollicitude de S. M. l'Impératrice du Japon pour la Société de la Croix-Rouge, et désireuse de lui témoigner sa respectueuse admiration, lui adressa une caisse contenant un échantillon de chacune des différentes pièces de pansement confectionnées par ses membres. S. M. l'Impératrice fit remettre ces objets à la Société, pour servir d'échantillons. Le retentissement qu'a eu, même à l'étranger, l'exemple des sentiments d'humanité donné par Sa Majesté, rejaillit également à l'honneur et à la gloire de la Société de la Croix-Rouge du Japon.

Les Filles impériales, les Princesses Tsune-no-Miya et Kane-no-Miya ont voulu, elles aussi, donner une marque de sympathie à l'œuvre de la Société et ont souscrit chacune pour une somme de 100 yen à son fonds de secours.

Lorsque le quartier général eut été transféré à Hiroshima, S. M. l'Empereur envoya immédiatement le lieutenant-colonel d'infanterie, M. Nakamura Kaku, attaché à sa maison militaire, à l'hôpital militaire de réserve de cette ville, pour offrir, de sa part, des consolations aux malades, en même temps qu'un don de 700 yen. Plusieurs fois, dans la suite, par ses ordres, la musique militaire vint jouer dans les hôpitaux pour distraire les malades et atténuer leurs souffrances. Des faits semblables, témoignant de la sollicitude de l'Empereur à l'égard des blessés et des malades, se sont répétés si fréquemment qu'il nous serait impossible de les énumérer tous.

De son côté, S. M. l'Impératrice entreprit le long voyage de Hiroshima et de Kuré, dans le seul but de porter des consolations aux militaires blessés et malades. Elle visita les hôpitaux de ces deux villes et en parcourut les salles, adressant elle-même la parole aux malades.

En même temps, elle s'arrêta à l'hôpital annexe confié aux soins de notre Société. Après avoir assisté au fonctionnement des services de secours, elle daigna admettre en audience les employés et les principales infirmières, et leur adressa, par l'intermédiaire du Directeur général du service de santé en campagne, ces mots d'encouragement : « *Je n'ignore pas* » *les fatigues que vous vous imposez tous depuis longtemps ;* » *je vous prie de persévérer dans votre grande œuvre de* » *dévouement.* » C'était le plus grand honneur que pût ambitionner notre personnel de secours.

S. M. l'Impératrice n'oublia point les autres hôpitaux. Elle envoya Son Altesse Impériale la princesse Komatsu porter l'expression de sa bienveillance aux hôpitaux de l'armée et de la marine établis dans le Kiushu. Lorsque les malades, réunis à Tokio, furent en nombre suffisant pour que l'on jugeât à propos de convertir l'hôpital de la Société de la Croix-Rouge en une troisième annexe de l'hôpital militaire, S. M. l'Impératrice et le Prince impérial y envoyèrent, le 18 février 1895, des personnages de leur entourage pour porter aux malades quelques douceurs. De tels bienfaits témoignent hautement du bienveillant intérêt de la Famille impériale pour notre œuvre et le souvenir en restera gravé longtemps dans notre cœur.

C'est pendant la 19ᵉ année de Meiji (1886) que le Japon accéda à la Convention de Genève et que S. M. l'Empereur, en même temps qu'il prenait cette décision, honorait notre Société, en la plaçant sous son haut patronage. Grâce à cette haute faveur, notre œuvre a fait de rapides progrès et est arrivée à son degré de développement actuel. Toutefois, en comparant les bienfaits reçus de la famille impériale avec l'imperfection de nos préparatifs, nous n'étions pas sans appréhensions : nous craignions — et cette pensée nous couvrait tous de confusion — d'être restés bien au-dessous des espérances que notre Souverain avait fondées sur notre Société. Aussi quel n'a pas été notre soulagement lorsque, le 30 octobre 1895, nous reçûmes le message impérial suivant :

« *Pendant la durée de la guerre de la 27ᵉ-28ᵉ année de* » *Meiji (1894-1895), votre Société a secondé le service de* » *santé de l'armée et s'est acquittée noblement de sa tâche.* » *Je suis heureux de lui adresser, à cette occasion, mes féli-* » *citations les plus sincères.* »

Le surlendemain, 1ᵉʳ novembre, l'Impératrice daigna nous donner également un témoignage flatteur de sa satisfaction :

« *Pendant la durée de la guerre de la 27ᵉ-28ᵉ année de* » *Meiji (1894-1895), vous avez uni vos cœurs et vos forces* » *pour porter secours aux malades des deux camps et se-* » *conder le service de santé de l'armée. Votre conduite a* » *été la mise en pratique des grands principes d'humanité* » *et de bienfaisance. Je vous en témoigne toute ma satis-* » *faction.* »

Et c'est pour encourager le développement de notre œuvre que Leurs Majestés Impériales ont bien voulu honorer notre Société par toutes ces marques de profonde bienveillance. Aussi nos sentiments ne doivent-ils pas être moins empreints de confusion que de reconnaissance.

Le 4 décembre, Son Altesse Impériale le prince Komatsu, maréchal de l'Empire, chef de l'état-major général, président d'honneur de la Société de la Croix-Rouge, vint apporter le message impérial. Après nous en avoir donné lecture,

Son Altesse Impériale développa les quelques idées suivantes :

« *Les paroles si bienveillantes que Leurs Majestés ont*
» *daigné adresser à notre Société, à l'occasion de l'œuvre de*
» *secours qu'elle a accomplie durant la guerre de la*
» *27e-28e année de Meiji (1894-1895), sont pour elle et pour*
» *nous tous un très grand honneur. Sans doute, grâce au*
» *concours dévoué et patriotique de ses membres, répandus*
» *dans tout l'Empire, grâce aux efforts infatigables de*
» *Messieurs les membres du Bureau et au zèle et à l'assi-*
» *duité de tout le personnel de secours, quelques services*
» *ont heureusement pu être rendus; il ne faudrait cepen-*
» *dant pas croire que le but que se propose notre Société*
» *ait été entièrement atteint. Mais si, nonobstant les défec-*
» *tuosités de l'œuvre, Leurs Majestés Impériales n'ont pas*
» *hésité à nous témoigner leur satisfaction, nous devons*
» *voir dans leurs encouragements combien grande est leur*
» *sollicitude pour l'armée qu'Elles considèrent comme le*
» *soutien de leur trône. Cette pensée doit exciter en nous*
» *les sentiments de la plus vive émotion. Que les membres*
» *de la Société s'inspirent donc tous de la Pensée impériale,*
» *et qu'ils s'efforcent de développer de plus en plus l'œuvre*
» *de cette Société, afin que les sentiments d'estime et de*
» *sympathie pour l'armée soient mis partout en pratique et*
» *qu'il nous soit permis de pouvoir toujours répondre, dans*
» *la mesure de nos moyens, aux bienfaits de la Famille*
» *impériale.* »

La sollicitude impériale ne se borna, d'ailleurs, pas là.
Pour récompenser les services rendus pendant la guerre par
tous les membres de la Société, Sa Majesté décerna le titre
de Comte au vicomte Sano Tsunetami, conseiller privé, président de la Société de la Croix-Rouge ; celui de Baron au
docteur Hashimoto, chef de l'hôpital ; la croix de comman-
deur de l'Ordre impérial au vicomte Matsudaira Noritsugu
et au lieutenant-colonel Shimidzu Toshi, tous deux adminis-

trateurs de la Société; M. Kasawara Mitsuo, gérant de la Société, et 54 autres personnes furent décorés de la 6e classe de l'Ordre impérial. Il y eut même une quarantaine d'infirmiers décorés de la 7e ou de la 8e classe de l'Ordre impérial. Notre Société pouvait-elle espérer de plus grands honneurs et de plus grandes distinctions?

Un fait, qui est surtout à noter, ce sont les nominations de quelques infirmières dans les ordres impériaux. Jusqu'à présent, sauf les princesses de la famille impériale, très peu de femmes avaient été décorées; or, parmi les infirmières attachées au service de secours durant la guerre sino-japonaise, trois d'entre elles ont été nommées à la 7e classe de cet Ordre et sept à la 8e classe.

LE SERVICE DE SECOURS

DE LA

SOCIÉTÉ DE LA CROIX-ROUGE DU JAPON

Pendant la guerre de la 27ᵉ-28ᵉ année de Meiji

(1894-1895)

CHAPITRE Iᵉʳ

Mesures prises avant et après l'ouverture des hostilités et leurs rapports avec le Comité international de Genève.

Au mois de juin de la 27ᵉ année de Meiji (1894), éclata, en Corée, l'insurrection d'un parti, les Tonhak. La Chine expédia trois mille hommes à Asan, sous prétexte de protéger la Corée, mais, en réalité, pour réaliser ses projets ambitieux. Le gouvernement japonais envoya, de son côté, des troupes et des navires de guerre pour protéger ses nationaux et, en cas d'éventualité, pour sauvegarder l'indépendance de la Corée. La rupture parut aussitôt imminente. En présence de cet état de choses, notre Société procéda aux préparatifs du service de secours, détermina sa ligne de conduite à suivre en temps de guerre, avisa confidentiellement l'hôpital de la société à Tokio, ainsi que les comités départementaux, de tenir prêts et au complet leurs cadres de médecins et d'infirmières. Elle les encouragea aussi à recueillir des adhérents et des fonds. Les infirmières se trouvant dans leurs foyers furent averties de se préparer pour le premier appel.

Le 19 juin, notre Société demanda aux ministres de la guerre et de la marine l'autorisation d'envoyer un personnel de secours : « Les troubles qui ont eu lieu en Corée, disait-elle en substance, ont déterminé le départ de troupes et de navires de guerre pour protéger la légation, les consulats et les Japonais résidant en ce pays ; sans doute, ces troubles ne concernent pas directement le Japon ; mais, néanmoins, comme personne ne peut prévoir la tournure que prendront les événements, la Société, toujours prête à porter secours aux militaires blessés, serait désireuse, s'il survenait quelque éventualité, de se mettre à la disposition des autorités militaires pour s'acquitter, dans la mesure du possible, de ses obligations. Elle espère donc que, le cas échéant, ses vœux seront favorablement accueillis. » A cette demande, le ministre de la guerre répondit, le 23 du même mois, qu'il en prenait acte.

Au mois de juillet, les relations qui existaient entre les États du Japon, de la Chine et de la Corée étaient dans un tel état de tension que la rupture de leurs rapports pacifiques était désormais jugée inévitable. Notre Société, très inquiète, se préoccupa aussitôt de savoir comment les blessés et les malades des armées de la Chine et de la Corée seraient traités. Ces deux pays étaient encore, en effet, non seulement étrangers à la Convention de la Croix-Rouge, mais ignoraient même le but de cette société. Le jour où le Japon engagerait les hostilités avec ces deux pays, on ne pourrait prévoir à quel sort déplorable les blessés et les malades des deux pays seraient exposés. Notre Société ne pouvait évidemment pas se désintéresser de cet état de choses, elle dont le but repose précisément sur le principe de fraternité universelle. Comme elle prévoyait, en outre, les entraves qui devaient résulter de l'exécution de son œuvre de secours volontaire, elle reconnut la nécessité de conclure avec ces gouvernements un arrangement destiné à protéger la sécurité des soldats blessés ou malades, et adressa, dans ce but, une requête au gouvernement japonais.

Cette proposition n'a pas été convertie en une convention formelle ; ce n'est pas que notre gouvernement ne reconnaît pas le principe du droit international de la guerre qui n'admet aucune distinction de parti, lorsqu'il s'agit de secourir les soldats malades ou blessés; au contraire, bien que l'ennemi n'observât pas ce principe, notre armée s'est toujours efforcée de le pratiquer, autant que les circonstances le lui ont permis.

Notre gouvernement avait fait rédiger un commentaire de la Convention de Genève au moment de son accession à cette convention et l'avait fait distribuer aux chefs de corps avec mission d'en donner lecture de temps en temps aux soldats; de plus, lors du départ des troupes, chaque soldat reçut lui-même un exemplaire d'une instruction qui, après lui avoir expliqué tout d'abord quelle était la cause noble et légitime de la guerre qui venait d'être entreprise, le prévenait que l'ennemi était tout à fait étranger à la pratique des guerres civilisées et lui recommandait de prendre soin des soldats malades ou blessés, sans aucune distinction de parti, et de traiter, avec tous les ménagements possibles, les populations du territoire ennemi qui ne résisteraient pas.

Aussitôt que la proclamation impériale de la guerre eut été publiée, le Comité international de la Société de la Croix-Rouge de Genève télégraphia à notre Société pour lui annoncer l'envoi d'une certaine somme d'argent. Une lettre et une circulaire du Président de ce Comité, en date du 4 août, parvinrent à notre Société le 20 septembre suivant. Voici le contenu de l'une et de l'autre:

Lettre du Président du Comité international de la Croix-Rouge de Genève au Président de la Société de la Croix-Rouge du Japon.

Genève, le 4 août 1894.

Comité central japonais, Tokio.

Messieurs,

Les hostilités qui viennent d'éclater entre le Japon et la Chine nous préoccupent vivement, au point de vue des intérêts philanthropiques qui sont du ressort de la Croix-Rouge. Nous ne doutons pas que votre Société n'ait pris les mesures nécessaires pour fournir une assistance prompte et judicieuse aux troupes japonaises envoyées en

Corée, et nous tenons à vous exprimer notre sympathie dans ce moment où, pour la première fois, vous vous trouvez aux prises avec les calamités de la guerre.

Sans attendre à savoir si l'appui des neutres vous sera nécessaire et que vous nous le demandiez, nous avons décidé, hier, l'envoi d'une circulaire à toutes les sociétés de la Croix-Rouge en votre faveur. Ce message vous parviendra en même temps que la présente lettre, et nous espérons qu'il sera suivi d'effet.

Nous avons tenu à vous donner aussi nous-mêmes un petit témoignage de bonne confraternité, sous la forme d'un chèque de deux mille francs que vous trouverez ci-joint et dont nous vous avons avisé hier par le télégraphe. Cette somme est bien minime en comparaison de vos besoins, mais vous savez que le Comité international n'a pas, comme les sociétés nationales, des revenus réguliers qui lui permettent des largesses ; du reste, l'envoi de secours aux belligérants ne rentre pas dans ses attributions normales, autrement qu'à titre d'intermédiaire et pour le compte des Comités centraux.

Nous sommes très soucieux de savoir si la Convention de Genève, ainsi que les coutumes de la guerre, admises par les nations civilisées, seront observées par la Chine. Peut-on se flatter que, sous ce rapport, le bon exemple donné par les Japonais sera imité par leurs ennemis ? Nous vous serions très reconnaissants de vouloir bien nous renseigner ultérieurement sur ce point, et nous osons vous prier de recueillir, dès à présent, toutes les informations possibles.

Il va sans dire que vous nous obligerez aussi en nous envoyant, quand vous le jugerez opportun, des récits détaillés de votre propre activité, afin que nous puissions les porter à la connaissance de nos correspondants de tous pays, en les insérant dans le *Bulletin international*.

Agréez, Messieurs, avec nos vœux pour le succès de vos efforts dans les circonstances difficiles que vous traversez, l'assurance de notre considération très distinguée.

Pour le Comité international :
G. Moynier, président.

Circulaire adressée par le Comité international de Genève aux Sociétés de la Croix-Rouge des pays signataires.

A messieurs les Présidents et les Membres des Comités centraux de la Croix-Rouge.

Genève, 3 août 1894.

Messieurs,

Le zèle avec lequel le peuple japonais s'est associé, depuis 1886, à l'œuvre de la Croix-Rouge et la forte constitution qu'il a donnée à sa Société nationale permettent d'espérer que, dans la guerre qui a

éclaté tout récemment entre le Japon et la Chine, nos honorables
correspondants de Tokio seront en mesure de suffire à leur tâche.

Cet espoir, toutefois, est loin d'être une certitude, car les hostilités
viennent à peine d'être déclarées, et l'on ne saurait en prévoir ni
l'étendue, ni la durée. Il importe donc que les Sociétés de la Croix-
Rouge des nations neutres se tiennent prêtes à seconder la Croix-
Rouge japonaise, si cela devenait nécessaire.

Cette vigilance nous paraît s'imposer plus spécialement aux sociétés dont la sphère d'action habituelle et normale, comprenant leur
territoire national ainsi que ses colonies, s'étend jusque dans l'Ex-
trême-Orient, car elles ont plus de facilités que d'autres, par les
relations qu'elles entretiennent à proximité du théâtre des opérations
militaires, pour se tenir au courant des besoins des Japonais, ainsi
que pour leur faire parvenir des secours. Néanmoins, tous les organes de notre œuvre seront certainement disposés à prêter leur
concours, en cas de nécessité, dans la mesure du possible.

Si, en vertu des *Résolutions de 1863*, les sociétés des États belligérants ont la faculté de requérir l'appui de celles des neutres, il
n'est pas interdit à ces dernières de devancer cette mise en demeure
et d'offrir spontanément leurs services.

C'est même ce qu'elles ont fait plus d'une fois, et cette manière
généreuse de pratiquer la fraternité ne mérite que des éloges. Actuellement, une pareille initiative serait tout particulièrement de saison,
car il n'y a pas de temps à perdre, vu l'éloignement de la Corée, si
l'on veut que des secours envoyés à cette distance parviennent en
temps utile.

Nous ne pensons pas, toutefois, qu'il convienne d'expédier d'Europe, vers ces parages lointains, beaucoup de dons en nature, dont
l'envoi serait trop coûteux et le transport trop lent. Des subsides en
argent se recommandent de préférence, sauf exception, à cause de la
facilité et de la rapidité relative de leur transmission. Mais ce n'est
là qu'une indication générale, laquelle ne limite en rien la liberté
d'action des Comités centraux.

Nous ne songeons pas, d'ailleurs, à constituer présentement une
Agence internationale, comme nous l'avons fait pour d'autres guerres,
parce que cela ne nous semble pas nécessaire. Il n'y aura pas lieu, en
particulier, de remplir la tâche délicate, qui nous incombe ordinairement, de répartir des offrandes entre les belligérants, proportionnellement à leurs charges, puisque la Chine, qui n'a pas signé la
Convention de Genève et ne possède pas de sociétés de secours, se
trouve hors de cause, au point de vue qui nous occupe.

Nous nous tenons néanmoins à la disposition de ceux des Comités
centraux qui feraient appel à nos bons offices, et nous suivons atten-

tivement les événements pour le cas où ils exigeraient, de notre part, quelque démarche complémentaire du présent message.

Vous comprendrez, Messieurs, que nous n'ayons pu garder un silence qui eût fait croire à notre indifférence, en apprenant que l'un des membres de la fédération de la Croix-Rouge se trouvait appelé à entrer en campagne. Nous avons voulu, dans ce moment solennel, vous dire comment nous envisagions la situation qui en résultait et les conséquences que, selon nous, elle devait entraîner. Cette communication serait pourtant incomplète, si nous n'y joignions pas des vœux sincères pour que le conflit actuel ne soit ni long ni très meurtrier, et pour que la Croix-Rouge revienne de ce nouveau baptême de sang avec un titre de plus à la reconnaissance comme à la sympathie de l'humanité.

Agréez, Messieurs, l'assurance de notre considération distinguée.

Pour le Comité international de la Croix-Rouge :

<table>
<tr><td>Le Secrétaire,</td><td>Le Président,</td></tr>
<tr><td>E. ODIER.</td><td>G. MOYNIER.</td></tr>
</table>

Dans sa lettre, le Comité international de Genève disait : « Nous sommes très soucieux de savoir si la Convention de Genève, ainsi que les coutumes de la guerre, admises par les nations civilisées, seront observées par la Chine. Peut-on se flatter que, sous ce rapport, le bon exemple donné par les Japonais sera imité par leurs ennemis ? Nous vous serions très reconnaissants de vouloir bien nous renseigner ultérieurement sur ce point, et nous osons vous prier de recueillir dès à présent, à cet égard, toutes les informations possibles. »

En réponse à cette demande de renseignements, notre Société lui écrivit la lettre suivante, en date du 28 février de la 28e année de Meiji (1895) :

Monsieur le Président,

Six mois s'étant écoulés depuis le commencement de la guerre qui dure encore entre le Japon et la Chine, nous avons cru utile de vous envoyer une note résumant l'activité de la Société japonaise de la Croix-Rouge. Nous attendrons le rétablissement de la paix pour vous en donner tous les détails.

Dans votre lettre du 4 août 1894, vous nous avez prié de vous informer et de vous dire si la Chine adoptera la Convention de Genève, à propos de la guerre actuelle. Il faut renoncer à tout espoir de faire pratiquer par les Chinois les principes qui président à notre œuvre et nous déplorons que ceux de nos soldats qui ont le malheur d'être faits prisonniers par eux soient soumis à des tortures et à des mutilations horribles, au lieu d'être secourus.

Nous saisissons cette occasion pour vous renouveler, Monsieur le Président, l'assurance de notre considération la plus distinguée.

Vicomte SANO TSUNETAMI,
Président de la Croix-Rouge du Japon.

Notre Société avait donc informé le Comité international du résultat de ses travaux, depuis l'ouverture des hostilités jusqu'au mois de décembre. Mais, avant que ce rapport lui fut parvenu, ce Comité avait inséré dans son Bulletin, n° 101, un résumé des travaux de la Société du Japon, extrait de journaux ou de correspondances. Le 28 octobre, notre Société adressa au Comité international un second rapport sur les progrès de ses travaux de secours, depuis le mois de janvier de la même année; ce rapport fut également publié dans le bulletin du Comité international et même reproduit dans les comptes-rendus des sociétés de la Croix-Rouge des autres pays. Toute la presse, en Europe comme en Amérique, fit également mention du résultat de nos travaux et rendit grandement hommage à notre Société d'avoir pratiqué, sans hésiter, les grands principes d'humanité, à l'égard des armées et des populations de la Chine et de la Corée, bien que ces pays soient restés étrangers à la Convention de la Croix-Rouge.

Le présent rapport peut être considéré comme faisant suite aux deux précédents et lui servir de conclusion.

CHAPITRE II

Organisation de la Société en temps de guerre. — Ses rapports avec les autorités militaires.

En temps de paix, les actes de la Société japonaise de la Croix-Rouge sont soumis, d'après la disposition de l'article 7 de ses statuts, au contrôle des Ministères de la guerre et de la marine, afin qu'ils restent conformes à l'organisation du service de santé de l'armée. Ce contrôle, en ce qui concerne les affaires relatives au service de santé de l'armée, est exercé, au nom du Ministre, par le médecin en chef de l'armée, directeur du service de santé au Ministère de la guerre. L'article 29 de l'ordonnance sur les attributions du Ministère de la guerre est ainsi conçu :

« Le 2ᵉ bureau (Direction du Service de santé de l'armée) a compétence sur les affaires suivantes.....

5ᵉ Celles qui intéressent la Société de la Croix-Rouge et les autres sociétés ou corps de secours volontaires. »

Quant à la question de son organisation en temps de guerre, à l'ouverture des hostilités, notre Société fut mise en contact avec l'armée en trois points différents et fut, en chacun d'eux, pourvue d'un organe spécial. Ce contact établissait des :

A. Rapports dans l'intérieur de l'Empire.

Dans l'intérieur de l'Empire, un service des Bienfaits fut institué au Ministère de la guerre et le Président de la Société de la Croix-Rouge fut autorisé à correspondre directement avec le chef de ce service, pour tout ce qui regardait les opérations de la Société.

B. Rapports avec le grand quartier général.

Quand le grand quartier général eut été transféré à Hiroshima, notre Société eut à y expédier un délégué général qui fut autorisé à correspondre directement avec le Directeur général du service de santé en campagne pour toutes les questions relatives aux opérations et mouvements du personnel.

C. Rapports avec chaque corps d'armée.

Notre Société eut à envoyer également un délégué auprès du Directeur des étapes de chaque corps d'armée dirigé sur le théâtre de la guerre et à lui donner qualité pour entrer en relations directes avec le chef du service médical des étapes pour tout ce qui concerne les opérations, relativement à ce corps d'armée.

Maintenant que nous avons donné les traits généraux de ces rapports, nous allons entrer un peu dans les détails.

I. — CHEF DU SERVICE DES BIENFAITS ET CONSEIL EXTRAORDINAIRE DE LA SOCIÉTÉ.

A la demande présentée, le 19 juin, par la Société de la Croix-Rouge, demande dont il a été question au chapitre précédent, le Ministre de la guerre répondit, le 1er août, jour de la proclamation de la guerre, par l'instruction suivante :

L'autorisation d'expédier son personnel de secours, que la Société de la Croix-Rouge a demandée le 19 juin de cette année, nous l'accordons volontiers. Ce personnel peut, sans inconvénient, être dirigé dès maintenant sur l'hôpital militaire de réserve de Hiroshima et y commencer son œuvre. Pour ce qui touche à la composition et au chiffre de ce détachement, ainsi qu'aux préparatifs du départ, la Société prendra les ordres du chef du service des Bienfaits.

La Société est prévenue, toutefois, qu'à l'avenir, lorsqu'il s'agira de l'envoi d'un personnel de secours, les instructions lui seront signifiées par le chef du service des Bienfaits, sur les ordres reçus du Directeur général du service de santé en campagne.

Le Ministre de la guerre,

COMTE OYAMA IWAO.

Le 1er août de la 27e année de Meiji (1894).

L'instruction précédente donna naissance aux rapports entre le service des Bienfaits et la Société de la Croix-Rouge. Examinons maintenant quelles sont les attributions de ce service. En temps de guerre, il relève du Ministre de la guerre; il reçoit les dons du public, destinés à soulager les militaires, et les envoie sur le théâtre de la guerre, d'après les instructions du Directeur général des étapes. Il est également chargé de la haute direction du corps de secours volontaire qui se consacre bénévolement pour soigner les militaires blessés ou malades; il en utilise le personnel et le matériel, sous les ordres du Directeur général du service de santé en campagne.

M. Okura Heizo, lieutenant-colonel de cavalerie, fut nommé Directeur du service des Bienfaits. Durant tout le temps de sa gestion, cet officier n'a cessé de favoriser la marche du travail de la Société et de lui accorder fréquemment des avantages et des facilités, servant d'intermédiaire entre elle et le Directeur général du service de santé en campagne. En ce qui concerne, notamment, l'envoi des dons en nature confiés à notre Société pour être distribués aux soldats, M. Okura prit toujours à tâche de concilier le plus promptement possible la réalisation des intentions généreuses des donateurs avec l'avantage de l'armée, et il resta fidèle, jusqu'au dernier moment, à ces dispositions bienveillantes, vis-à-vis de l'œuvre de la Société.

Le jour de la proclamation de la guerre, l'armée mit en application son système d'organisation en temps de guerre et installa le service des Bienfaits. En même temps, la Société de la Croix-Rouge transformait, de son côté, son administration de temps de paix pour l'organiser sur le pied de guerre.

L'article 16 des statuts de la Société est ainsi conçu :

Lorsqu'en temps de guerre, le service des secours aux blessés devra entrer en fonctionnement, le président transformera le conseil permanent en conseil extraordinaire et ajoutera, au nombre des membres ordinaires en temps de paix, un nombre suffisant de membres extraordinaires choisis parmi les membres titulaires. Il pourra agir de même à l'égard du nombre des administrateurs.

Les attributions du conseil extraordinaire sont les mêmes que celles du conseil permanent. Toutefois, il pourra délibérer, quel que soit le nombre des membres présents, et les membres resteront en fonctions jusqu'au rétablissement de la paix, quand même le terme de leur mandat serait expiré.

Le 1ᵉʳ août, la disposition précédente fut exécutée, le conseil permanent transformé en conseil extraordinaire, des membres et des administrateurs nommés. Voici la liste des personnes qui assistèrent à ce conseil :

VICOMTE SANO TSUNETAMI, conseiller privé de Sa Majesté l'Empereur, président de la société ;

HANABUSA YOSHIMOTO, vice-président de la maison de l'Empereur, vice-président de la société ;

VICOMTE OGYOU UJUNO, vice-président de la Chancellerie des ordres impériaux, vice-président de la société ;

VICOMTE MATSUDAÏRA NORITSUGU, membre de la Chambre des pairs, administrateur de la société ;

VICOMTE SAKURAI TADAOKI, administrateur de la société ;

SHIMIDZU TOSHI, lieutenant-colonel d'infanterie, administrateur de la société ;

BARON TAKASAKI MASAKAZÉ, conseiller aulique, administrateur de la société ;

VICOMTE MATSUDAÏRA NOBUMASA, membre de la Chambre des pairs, administrateur de la société ;

HIRAYAMA SHIGENOBU, secrétaire général du Conseil privé, administrateur de la société ;

VICOMTE MATSUDAÏRA TADANORI, maître des cérémonies, administrateur de la société ;

NAGASAKI SEIGO, maître des cérémonies, secrétaire particulier du ministre de la maison de l'Empereur, administrateur de la société ;

SHIRANÉ SEN-ITI, conseiller aulique, directeur des Trésors impériaux, administrateur de la société ;

BARON OZAWA TAKEO, membre de la Chambre des pairs, administrateur de la société ;

IZUMI KOYANO, lieutenant d'infanterie, administrateur provisoire de la société ;

TANIMORI MASAO, administrateur provisoire de la société ;

Comte Hisamatsu Sadakoto, sous-lieutenant d'infanterie, administrateur provisoire de la société ;

Marquis Hachisuka Shiguéaki, président de la Chambre des pairs, conseiller permanent de la société ;

Marquis Nabéshima Nawohiro, grand'maître des cérémonies, conseiller permanent de la société ;

Marquis Ikéda Akimasa, membre de la Chambre des pairs, conseiller permanent de la société ;

Hashimoto Tsunatsuné, conseiller aulique, conseiller permanent de la société ;

Yoshikawa Akimasa, ministre de la justice, conseiller permanent de la société ;

Vicomte-amiral Enomoto Takéaki, conseiller privé de S. M. l'Empereur, conseiller permanent de la société ;

Sonyématsu Kencho, chef de bureau de législation, conseiller permanent de la société ;

Marquis Nakayama Takamaro, grand chambellan de la cour du prince impérial ;

Shimachi Mokuraï, prêtre bouddhiste, conseiller permanent de la société ;

Kuroda Tsunahiro, membre de la Chambre des députés, conseiller permanent et administrateur provisoire de la société ;

Shibusawa Eiichi, président de la Chambre de commerce de Tokio, conseiller permanent de la société ;

Sakuraï Yoshimi, secrétaire particulier du président du Conseil aulique, conseiller permanent de la société ;

Tomita Tetsunosuké, membre de la Chambre des pairs, conseiller permanent de la société ;

Yamanaka Rinnosuké, conseiller municipal de Tokio, conseiller permanent de la société ;

Ishizaka Koréehiro, médecin inspecteur de l'armée, conseiller permanent de la société ;

Watanabé Hiromoto, ex-président de l'Université impérale de Tokio, conseiller permanent de la société ;

Marquis Kuroda Naganari, membre de la Chambre des pairs, conseiller permanent de la société ;

Nagayo Sensaï, conseiller aulique, conseiller permanent de la société ;

Iida Tatsumi, directeur-adjoint des Trésors impériaux, conseiller permanent et trésorier-contrôleur de la société ;

Minomura Risuké, administrateur de la banque du Japon, trésorier-contrôleur de la société ;

Ariga Nagao, professeur à l'École supérieure de guerre, conseiller extraordinaire de la société ;

Chinami Shichiri, lieutenant, administrateur provisoire de la société ;
Ishimaru Yasuyo, administrateur provisoire de la société ;
Homma Kiyoo, administrateur provisoire de la société ;
Kasawara Mitsuo, gérant de la société ;
Wada Yoshimoro, administrateur provisoire suppléant de la société.

II. — Directeur général du service de santé en campagne et délégué général de la Société.

Le 13 septembre de la 27ᵉ année de Meiji (1894), Sa Majesté l'Empereur, commandant suprême de tous les corps d'expéditions, était parti de Tokio pour Hiroshima, où le grand quartier général fut transféré, à partir du 16 du même mois. A partir de ce jour, Hiroshima devint le centre de tous les mouvements de l'armée relativement à la guerre, et tous les services, restés à Tokio, devaient recevoir leurs ordres de cette ville. L'effet de ce changement devait atteindre également l'organisation du service de secours volontaire et lui faire subir des modifications.

Rappelons pour mémoire que c'est M. le baron Ishiguro, médecin inspecteur général de l'armée, qui était chargé, au quartier général de Hiroshima, de la haute direction du service de santé en campagne des troupes. M. le baron Ishiguro avait, pendant de longues années, rendu, en sa qualité de Directeur du service de santé, d'éminents services à l'administration du corps de santé de l'armée. C'est à lui que l'on doit l'organisation du service de santé qui a fonctionné durant la guerre sino-japonaise, organisation si complète qu'elle était digne de l'armée de l'une des nations les plus civilisées et qu'elle attira l'admiration du monde entier. Collaborateur zélé de l'œuvre de la Croix-Rouge, il prit part, en qualité de représentant du gouvernement japonais, à la conférence internationale de la Croix-Rouge qui eut lieu à Carlsruhe, en 1887. Autant que ses fonctions de directeur des affaires médicales au ministère de la guerre le lui permettaient, il collaborait, soit directement, soit indirectement, à l'œuvre de la Société. Il employait ses loisirs à fréquenter les hauts personnages ; il faisait connaître la Croix-Rouge, en montrant une lanterne à projections représentant différents épisodes de cette société, projections que lui et son épouse avaient eux-mêmes inventées ; il parcourait les provinces pour visiter les sections locales et vulgariser le but de la Convention de Genève ainsi que les travaux de la Croix-Rouge. Il concourut de cette façon à encourager le développement de la Société japonaise de la Croix-Rouge et cela pendant plus de dix ans, avec une constance qui ne s'est pas démentie un seul instant. Ce zélé et puissant ami de l'œuvre de la Croix-Rouge entra de lui-même au quartier général. Nommé Directeur du service de santé en campagne, il resta en continuelle communication avec la Société, à laquelle il transmettait ses instructions par l'intermédiaire du délégué général. Aussi la Société lui doit-elle la plus grande part des succès qu'elle a obtenus.

Le délégué général est nommé par le Président et accrédité auprès du Directeur général des étapes au grand état-major, comme représentant notre Société. Il a pour attributions de servir d'intermédiaire entre le grand état-major et notre Société, de transmettre aux délégués, envoyés dans les différentes directions, les ordres du directeur général du service de santé en campagne et de veiller à la prompte expédition des affaires.

Ainsi donc, en ce qui touchait les ordres d'envoi du personnel de secours, le gouvernement les faisait transmettre à la Société par l'intermédiaire du service des Bienfaits ; et, pour les détails du service, les instructions ou avis étaient communiqués directement par le directeur général du service de santé en campagne au délégué général, qui les faisait parvenir à l'Association de secours intéressée.

Par son rôle d'intermédiaire entre le quartier général et la Société de la Croix-Rouge, le délégué général occupait un poste très important, et, par suite, la Société reconnut la nécessité de préciser l'étendue de ses pouvoirs. Elle les détermina comme il suit :

ATTRIBUTIONS DU DÉLÉGUÉ GÉNÉRAL.

1° Le délégué général se trouve au grand quartier général et transmet aux délégués envoyés dans les différentes directions les ordres du directeur général du service de santé en campagne. Il en donne avis à la Société de la Croix-Rouge ;

2° Placé entre le directeur général du service de santé en campagne et la Société de la Croix-Rouge, le délégué général est le canal qui fait communiquer entre eux, et il veille à écarter toute entrave au service ;

3° Le délégué général exerce la surveillance sur les personnels de secours expédiés aux différents endroits ; les proportions qu'il croit devoir faire relativement à leur avancement ou à leur révocation, il les adresse à la Société et attend ses instructions. Néanmoins, lorsqu'il y a urgence de prendre une mesure à l'égard des infirmiers ou des infirmières et des autres subalternes, le délégué général décide de sa propre autorité, sauf à en rendre compte ultérieurement ;

4° Dans le cas où les besoins du service de secours nécessiteraient une dépense extraordinaire, le délégué général présentera un rapport au Président de la Société et attendra sa décision ; en cas d'urgence, il peut passer outre, sauf à en rendre compte ultérieurement ;

5° Le délégué général peut, en cas de nécessité dans le service, communiquer directement avec les sections et comités locaux et les délégations et prendre telles mesures qu'il juge opportunes, mais il doit immédiatement en informer la Société ;

6° Le délégué général examine les rapports présentés par les délégués des différents postes et les transmet à la Société. Il fait parvenir également aux délégués les ordres et communications de la Société.

Le 27 septembre, M. le lieutenant-colonel Shimidzu Toshi fut nommé délégué général, en résidence à Hiroshima. Il y remplit, en même temps, les fonctions de délégué du personnel de secours envoyé dans cette ville. Depuis lors, il fut aussi chargé de la haute surveillance des détachements de personnel expédiés dans différentes directions, soit au dedans, soit au dehors de l'Empire. C'est lui qui fit connaître à la Société les intentions du quartier général, en ce qui concerne l'envoi et la distribution des dons en nature, destinés à soulager et à encourager les militaires, la visite des malades, etc.; il expédia certaines affaires, comme représentant de la Société. Il exerçait depuis plusieurs mois ces fonctions, lorsque la conclusion de la paix eut lieu en mai de la 28ᵉ année de Meïji (1895). Quand, le mois suivant, le grand quartier général fut transféré de nouveau à Tokio, M. le Lieutenant-Colonel y rentra lui-même, et sa mission prit fin.

III. — CHEF DES SERVICES MÉDICAUX DES ÉTAPES ET DÉLÉGUÉS DE LA SOCIÉTÉ.

Dans l'armée japonaise, chaque direction des étapes a un chef du service médical, sous la surveillance et la direction duquel le personnel de secours de la Société remplit son devoir. Les délégués entretiennent des rapports avec le délégué général, et ils prennent les ordres du chef du service médical de l'armée et les font exécuter par le personnel de secours volontaire. Il devait y avoir un délégué auprès de chaque direction des étapes. Aussi, lorsque, le 2 septembre, un personnel de secours fut envoyé en Corée pour seconder le service de santé du 1ᵉʳ corps d'armée d'expédition, M. Chinami Shichiri, membre de la Société, y fut envoyé en qualité de délégué. Lorsque, au mois d'octobre, le 2ᵉ corps d'expédition pénétra dans la presqu'île de Liao-Tong, un employé de la Société, M. Ogata Isei, fut nommé délégué provisoire et partit de Tokio, le 19 du même mois, à la tête d'un détachement du personnel de secours de la Société. Voici les instructions données par la Société à ces délégués :

1° Notre personnel de secours doit être guidé par les sentiments sincères qui animent tous les membres de la Société et mettre toute son âme et tout son zèle à procurer le succès de leur œuvre ; pour cela, il doit diriger sa conduite en s'inspirant, conformément aux statuts de la Société, non seulement des grands principes de patriotisme et de philanthropie, mais aussi des sentiments de profonde sollicitude de Sa Majesté l'Empereur, qui voit dans les officiers et les soldats son soutien et son appui, ainsi que de la grande bonté avec laquelle Sa Majesté l'Impératrice a toujours patronné l'œuvre de secours aux soldats blessés ;

2° Le succès des secours dépend : 1° de la promptitude des soins médicaux ; 2° de l'attention des infirmiers, et 3° de la perfection du matériel de santé ; mais il ne sera jamais complet, si tous ne travaillent pas par dévouement, unissant leurs forces et leurs cœurs et renonçant à toute ambition personnelle ;

3° Notre personnel de secours en mission saura supporter patiemment les difficultés, les fatigues et les privations, s'appliquera à ses devoirs avec zèle, courage et dévouement, et, par une conduite irréprochable, tiendra haut l'honneur de la Société ;

4° Notre personnel de secours en mission doit non seulement observer avant tout les lois militaires, mais il doit se tenir sous la haute direction du commandant supérieur des forces militaires ou navales, et prendra les ordres du chef du service médical du corps d'armée auprès duquel il est détaché ;

5° Les militaires étant le soutien de la patrie, il va sans dire que le personnel de secours doit avoir pour eux tous les égards possibles. Il traitera surtout les blessés avec charité, modestie et patience ;

6° Les brassards à croix rouge sur fond blanc, autorisés par le Ministère de la guerre, étant un signe de la neutralité, ne peuvent être employés que par le personnel de secours ; c'est une règle importante dont ce dernier doit bien se pénétrer, afin de se prémunir contre tout usage abusif ;

7° Les délégués sont chargés de gérer, sous les ordres des autorités militaires, tout l'ensemble du service de secours, et ils veillent, par les directions qu'ils donnent et la surveillance qu'ils exercent, à ce que tous, depuis les médecins en chef jusqu'aux subalternes, s'acquittent convenablement de leurs devoirs ou fonctions respectives ; lorsqu'il y a lieu d'expédier à un même lieu plusieurs détachements du personnel de secours, ils se chargeront eux-mêmes de les diriger en bon ordre ;

8° Lorsque plusieurs détachements du personnel de secours se trouvent disséminés sur différents points, ou lorsque le délégué est absent, le médecin en chef le suppléera provisoirement dans ses fonctions ;

9° En cas de nécessité d'exécution du service de secours, les délégués pourront communiquer directement avec les sections et comités locaux et prendre toute mesure opportune ;

10° Les comptes-rendus des travaux seront divisés, suivant leur degré d'urgence, en rapports quotidiens, en rapports hebdomadaires et en rapports mensuels; ils seront rédigés par les délégués ; quant à ceux qui concernent le traitement médical, ils seront rédigés par les médecins en chef, qui les soumettront à l'examen des délégués.

CHAPITRE III

Situation du personnel de la Société dans l'organisation du service de santé de l'armée en temps de guerre.

L'article 4 des statuts de la Société est ainsi conçu :

En temps de guerre, la Société s'efforcera de porter secours aux blessés et aux malades, en s'adjoignant au service de santé de l'armée et en l'assistant.

Cette disposition indiquait assez clairement qu'elle ne serait pas autorisée à agir d'une façon indépendante, mais qu'elle relèverait du service de santé de l'armée. Toutefois, la forme de cette dépendance avait été définie, pour la première fois, au moment de la guerre sino-japonaise.

Nous citerons le fait suivant : En même temps que le Ministre de la guerre répondait à la lettre de notre Société lui demandant l'autorisation d'envoyer un personnel de secours pour donner des soins aux blessés des deux pays belligérants, nous reçûmes, le 1ᵉʳ août, du chef du service des Bienfaits, l'ordre suivant :

Il vient d'être décidé que votre Société serait attachée au service de l'hôpital militaire de réserve de Hiroshima. En conséquence, j'ai l'honneur de vous inviter à faire sans retard les préparatifs de l'envoi en vous conformant aux conditions indiquées dans la pièce ci-annexée. Je vous serai obligé de vouloir bien me faire parvenir ultérieurement une liste indiquant le chiffre du personnel composant le détachement ainsi que la désignation et le nombre des objets dont il sera muni.

Le chef du service des Bienfaits,
Okuba Heizo.

Le 1ᵉʳ août de la 27ᵉ année de Meiji.

Les conditions formulées dans la pièce annexée étaient les suivantes :

1° Le personnel de secours envoyé par la Société de la Croix-Rouge sera attaché au service de l'hôpital militaire de réserve de

Hiroshima, sous les ordres et la direction du médecin en chef de ce même hôpital ;

2° Ce personnel pourra, à la convenance de la Société, être muni ou non d'instruments de chirurgie ;

3° Ce détachement devra emporter des effets d'habillement et de literie nécessaires pour cent malades ;

4° La nourriture des malades sera, bien entendu, à la charge des autorités militaires ; mais, pour toutes les dépenses afférentes à l'entretien du personnel de secours composant le détachement, elles seront supportées par la Société japonaise de la Croix-Rouge ;

5° Quant aux médicaments et aux objets de consommation, on usera de ceux qui existent dans l'hôpital militaire de réserve de Hiroshima ; toutefois, la Société japonaise de la Croix-Rouge pourra, si elle le désire, envoyer ou non des antiseptiques et des objets de pansement ;

6° Le détachement devra comprendre au moins 4 médecins, 1 pharmacien et 20 infirmières ; toutefois, la Société japonaise de la Croix-Rouge pourra, à sa convenance, envoyer des administrateurs, des économes, etc.

Le 28 août, en même temps que le Ministre de la guerre répondait favorablement à la demande que lui avait adressée la Société, le 13 août, pour solliciter l'autorisation d'envoyer un personnel de secours au dehors de l'Empire, le chef du service des Bienfaits communiquait les instructions suivantes :

1° La Société japonaise de la Croix-Rouge, dans l'exécution de ses travaux, devra se conformer au *Règlement sur le service de santé en campagne* ;

2° Dès que le détachement sera arrivé en Corée, le personnel se mettra à la disposition du chef du service médical de la 1re armée et agira selon ses ordres ;

3° Chaque membre du personnel de secours, en mission, portera le signe de la neutralité. Le président de la Société remettra au chef du service des Bienfaits un registre sur lequel seront consignés, avec le numéro de chacun des signes, les noms et prénoms des personnes auxquelles ils auront été délivrés ;

4° Pendant la durée de sa mission, le personnel de secours recevra les vivres de l'autorité militaire qui mettra, en outre, à sa disposition les effets de literie et des logements convenables, ainsi que les locaux nécessaires à l'exécution de sa mission ;

5° Le personnel de secours, en mission, trouvera passage à bord
des navires loués pour le service de l'armée ;

6° Les autorités militaires accorderont à la Société japonaise de la
Croix-Rouge, durant le séjour de son personnel en Corée, toutes les
facilités pour le transport de son matériel et de ses correspondances.

Telles étaient les deux instructions qui servirent de point
de départ à l'envoi du personnel de secours de la Société au
dedans et au dehors, et dont les dispositions devaient régler
la conduite du gouvernement à l'égard de notre Société. Ce
mode de procéder, adopté par nos autorités militaires qui obli-
geaient ainsi la Société à s'adresser à elle chaque fois qu'elle
voulait obtenir une autorisation spéciale pour l'exécution de
l'œuvre en vue, pouvait, au premier abord, paraître compli-
qué et gênant : mais, en réalité, il était très fondé et très
raisonnable. Car, au moment de l'ouverture des hostilités,
non seulement la Société n'était pas encore complètement
prête, mais elle n'avait pas encore fait ses preuves. On ne
pouvait, par conséquent, pas savoir exactement et jusqu'à
quel point l'on pouvait compter sur elle.

Mais, au fur et à mesure que la guerre se prolongeait,
l'expérience de la Société s'accrut et le régime des demandes
séparées et des autorisations limitées fut quelque peu adouci
en faveur du personnel en mission auprès de la 1re armée.
Notre Société fut autorisée à attendre les instructions du service des Bienfaits, après lui avoir, toutefois, au préalable,
donné la liste du personnel et du matériel existants.

Voici la teneur des clauses prescrites, le 9 novembre, par
le chef du service des Bienfaits :

1° L'autorisation de passer en Corée et de s'y appliquer à son
œuvre de secours aussi bien que dans l'intérieur de l'Empire, ayant
été accordée d'une façon générale par le Ministre de la guerre au
personnel de la Société de la Croix-Rouge, celle-ci est désormais dis-
pensée de toute demande ultérieure spéciale ;

2° En ce qui touche l'urgence de l'envoi du personnel de secours,
le nombre de ce personnel et l'emploi du matériel, ces questions
sont laissées à l'appréciation du directeur général du service de

santé en campagne, aux directions et aux ordres duquel la Société de la Croix-Rouge devra s'en rapporter ;

3° En conséquence, la Société de la Croix-Rouge devra, à l'avenir, remettre au chef du service des Bienfaits la liste du personnel et du matériel qu'elle pourra expédier à l'avenir ;

4° Les ordres du directeur général du service de santé en campagne devront être transmis à l'avenir à la Société de la Croix-Rouge par les soins du chef du service des Bienfaits, en suivant la voie hiérarchique indiquée dans la pièce omise ci-jointe ; (1)

5° Tout envoi de personnel de secours sera déclaré par la Société de la Croix-Rouge au chef du service des Bienfaits et celui-ci, à son tour, en avisera la direction générale du service de santé en campagne ;

6° Lorsqu'il y aura lieu de combler des vacances dans le personnel de secours, il ne sera pas nécessaire d'en faire l'objet d'une demande spéciale ; une simple déclaration suffira.

Lorsque le premier détachement de secours de notre Société, expédié le 28 août en Corée, avec l'autorisation du Ministre de la guerre, fut arrivé à Jinsen (Chemulpo), il lui fut permis d'établir un hôpital indépendant fonctionnant avec le personnel et le matériel de notre Société, sous la direction de M. Ishizaka, chef du service médical de la 1re armée d'expédition, et de le désigner sous le nom de « Premier hôpital de campagne de la Société japonaise de la Croix-Rouge ».

Mais, à la fin de novembre, la situation de l'œuvre de notre Société, par rapport au service de santé de l'armée en temps de guerre, fut déterminée avec précision. Le 30 de ce même mois, en effet, le directeur général du service de santé en campagne adressa à ses subordonnés une instruction sur ce sujet. Ce document, qui posa les bases d'après lesquelles devait s'exercer l'œuvre de notre Société dans la guerre sino-japonaise, est l'un des actes officiels militaires les plus importants, concernant notre Société. D'après le principe adopté dans cette instruction, le personnel du corps de secours ne jouit pas d'une organisation indépendante, mais il est incorporé entièrement dans celle du service médical de

____

(1) Cette pièce n'est pas reproduite ici.

l'armée. Ce n'est qu'en ce qui concerne les secours à donner aux prisonniers sur le territoire de l'Empire que notre Société fut autorisée à agir avec son organisation indépendante. Nous reproduisons ci-dessous *in extenso* le texte de l'instruction susdite :

INSTRUCTION RELATIVE A L'ŒUVRE DE LA SOCIÉTÉ DE LA CROIX-ROUGE DANS SES RAPPORTS AVEC L'ORGANISATION DE L'ARMÉE.

1° *La Société de la Croix-Rouge a pour but, quels que soient les moyens auxquels elle a recours, de porter secours aux malades et aux blessés des deux partis belligérants et d'adoucir leurs souffrances, sous les ordres toutefois du service de santé de l'armée ;*

2° *En conséquence, le service de santé de l'armée devra prêter à la Société de la Croix-Rouge toute l'assistance possible pour lui faciliter l'accomplissement de sa mission ;*

3° *C'est en vertu de l'article relatif au secours volontaire de l'Ordonnance impériale sur les services en campagne (chapitre VI, titre IX), que le service de santé de l'armée emploie les membres de la Société de la Croix-Rouge ;*

4° *L'Ordonnance sur le service des étapes développant et complétant le sens de l'article en question, prévoit, au chapitre VIII, parmi les attributions du directeur général du service de santé en campagne, qu'il peut donner l'ordre au chef du service des Bienfaits, de se servir du personnel envoyé par les sociétés de secours volontaire, et l'Ordonnance sur le service de santé en campagne indique, en détail, au chapitre VII, la manière d'employer ce personnel ;*

5° *Les dispositions des quatre articles précédents se résument ainsi : la Société de la Croix-Rouge prépare des médecins, pharmaciens et infirmiers, ainsi que le matériel médical ; elle les envoie par escouades ou séparément, suivant les ordres du directeur général du service de santé en campagne, et les applique aux œuvres pour lesquelles ils ont été requis. Les services médicaux de l'armée, corrélativement* au droit qu'ils ont d'employer ce personnel, ont également l'obligation de lui délivrer des signes de neutralité et de veiller à lui permettre d'accomplir sa mission avec la plus grande sécurité (c'est-à-dire loin du péril des combats); la Société n'est, d'ailleurs, autorisée à exécuter ses travaux que dans les limites de la zone des étapes où elle sera utilisée au service des hôpitaux d'étapes, des infirmeries, etc., et dans les hôpitaux de réserve de l'intérieur de l'Empire; elle sera encore employée au transport des malades. — (Le public est dans l'erreur lorsqu'il croit que les membres de la Société de la Croix-Rouge ou de tout autre corps de secours volontaire peuvent être employés sur le théâtre des opérations militaires, en dehors de la circonscription d'étape ou dans les localités où il y a encore du danger. C'est une chose que les autorités militaires ne permettent jamais, par la raison qu'on ne doit pas laisser les non-combattants dans les endroits exposés aux dangers);

6° Lorsqu'il s'agira d'employer le personnel sus-indiqué, soit dans la circonscription des étapes, soit dans les hôpitaux de réserve de l'intérieur de l'Empire, on observera les règles suivantes : si le personnel est groupé, on lui confiera une partie d'hôpital; s'il ne l'est pas, les médecins et les pharmaciens seront adjoints aux médecins et aux pharmaciens militaires, les infirmiers aux infirmiers militaires, pour les assister dans leurs travaux. Dans le premier cas, une ou plusieurs salles de malades pourront être commises aux soins d'une même escouade. Cette escouade pourra même, au besoin, être divisée en une ou plusieurs parties. En tous cas, on ne confiera jamais un établissement entier à la Société japonaise de la Croix-Rouge; on ne laissera pas, non plus, cette Société établir un hôpital de la Croix-Rouge;

7° Si, en raison de l'exiguïté des salles des malades ou des bâtiments, on était obligé de confier l'établissement entier au personnel de secours envoyé par la Société de la Croix-Rouge, on le désignerait par un numéro d'ordre, annexe

N°... de l'hôpital d'évacuation ou annexe N°... de l'hôpital de réserve. Rien ne s'oppose à ce que soit ajoutée cette mention qu'il est desservi par le personnel de secours de la Société japonaise de la Croix-Rouge ;

8° Dans le cas où des malades militaires seront confiés à un hôpital tel que celui de la Société japonaise de la Croix-Rouge, qui est complet sous tous les rapports, au point de vue de la construction, de l'ameublement et de l'habillement, etc., et qui reste ouvert en permanence, l'enseigne d'hôpital de la Société de la Croix-Rouge ne sera pas enlevée, mais on lui en adjoindra une autre indiquant que l'établissement est l'annexe N°... de l'hôpital de réserve militaire ;

9° Dans le cas même où un hôpital ou une annexe d'hôpital serait confié entièrement aux soins de la Société de la Croix-Rouge, un médecin militaire y sera attaché et exercera le contrôle sur les parties du service qui sont de sa compétence ;

10° Le tableau suivant indique la classification et la hiérarchie des attributions :

I. Chef d'hôpital d'évacuation	Salles de malades	Médecins militaires.
	Salles de malades	Médecins militaires. Personnel de la Croix-Rouge.
	Salles de malades	Personnel de la Croix-Rouge.
II. Chef d'hôpital de réserve	Chef d'annexe d'hôpital (médecin militaire)	Médecins militaires.
	Chef d'annexe d'hôpital (médecin militaire)	Médecins militaires. Personnel de la Croix-Rouge.
	Chef d'annexe d'hôpital (médecin militaire)	Personnel de la Croix-Rouge.

11° Les médecins en chef des détachements de la Société de la Croix-Rouge formant un corps doivent naturellement agir sous les ordres et le contrôle des chefs d'hôpitaux militaires. Mais ils ont toute liberté d'action pour le traitement des malades, à la condition toutefois de se conformer aux dispositions suivantes :

a) Ils ne prendront, dans les cas devant entraîner l'allocation d'une pension, ne dût-il s'agir que de l'amputation d'un petit doigt, aucune décision qu'après avoir demandé l'avis du chef de l'hôpital ;

b) Ils préviendront le chef de l'hôpital, lorsqu'un malade semblera approcher de sa fin ;

c) Ils feront usage des instruments et des médicaments que possède l'autorité militaire ; toutefois, en cas de délégation expresse du chef de l'hôpital, les dispositions des art. I et II qui précèdent pourront n'être pas observées ;

12° Comme c'est pour la première fois que des femmes sont employées à la garde des malades dans les hôpitaux militaires, les médecins dans les hôpitaux desquels il s'en trouvera devront faire aux malades des recommandations minutieuses, pour que leurs rapports avec les infirmières soient toujours empreints de respect ; les officiers supérieurs malades s'observeront surtout sur ce point pour ne pas donner à leurs subordonnés de mauvais exemples, desquels pourraient résulter les abus les plus graves ;

13° Les vivres seront fournis au personnel envoyé par la Société de la Croix-Rouge, et ceux de ses membres qui tomberont malades pendant la durée de leur mission seront admis et soignés aux frais de l'État dans un hôpital militaire ;

14° En ce qui touche la distribution des effets d'habillement, de la nourriture, des aliments substantiels et des infirmiers, lors même que ce sera la Société de la Croix-Rouge qui les fournira, les limites prévues, en ce qui touche la quantité ou le nombre, par les règlements en vigueur dans l'armée, ne devront pas être dépassées. Cette disposition est de rigueur ;

15° Dans le cas où une partie d'un hôpital serait confiée au personnel de la Croix-Rouge, les effets d'habillement, les médicaments, etc., à l'usage des malades devront être pris, autant que possible, parmi les provisions de l'État ; pour les instruments de chirurgie, la Société pourra se servir des siens, si elle en a ;

16° Un point capital que ne devront pas perdre de vue tant ceux qui emploient le personnel de la Société de la Croix-Rouge que les membres de ce personnel lui-même, c'est qu'il faut de l'unité et de l'uniformité dans la manière de se conduire à l'égard des militaires malades. L'expérience de tous les temps et de tous les pays a montré que toutes les fois qu'un chef d'hôpital a négligé ce point, on a remarqué une différence entre la manière dont étaient traités les malades relevant des médecins de l'armée et ceux relevant de la Société de la Croix-Rouge. Cette inégalité de traitement a suscité parmi les malades des mécontentements, à la suite desquels l'autorité militaire s'est vue, bien à regret, obligée de renoncer à ses services, non moins qu'à ceux des autres volontaires. C'est un point sur lequel on ne saurait trop veiller lorsqu'on a beaucoup de malades à soigner, et l'attention des chefs d'hôpitaux doit toujours être ouverte de ce côté.

Conséquemment à cette instruction, ordre fut donné, le 10 décembre, au 1ᵉʳ hôpital de campagne de la Société japonaise de la Croix-Rouge, que nous avons vu établi d'abord à Jinsen (Chemulpo), puis transféré ensuite à Ping-yang (Heijio), de changer son nom en celui d' « Hôpital d'évacuation desservi par le personnel de secours de la Société japonaise de la Croix-Rouge. »

Seul, le service de secours aux prisonniers amenés sur le territoire de l'Empire fut commis entièrement aux soins de notre Société. En nous confiant cette mission, les autorités militaires laissaient à nos agents une entière indépendance. La Société pouvait même sur ses hôpitaux appliquer pour enseigne : « Hôpital de la Société japonaise de la Croix-Rouge », à condition, toutefois, de rester soumise au contrôle de la division d'armée territoriale. La raison de cette exception est celle-ci : c'est que les prisonniers sont les soldats ennemis et, par suite, les secours qui leur sont donnés se rapportent tout à fait au but de l'union de la Croix-Rouge, qui est de secourir les belligérants, sans distinction de parti. Au mois d'octobre de la 27ᵉ année de Meiji (1894), lorsque 55 blessés ennemis arrivèrent à Tokio, ils furent immédiatement envoyés à l'hôpital de notre Société qui en fut chargé entièrement. La Société eut à pourvoir, à ses frais, à leur nourriture, à leurs vêtements, à leur couchage et à tout le nécessaire imposé par l'autorité militaire. La police fut exercée par un certain nombre de gendarmes, mais aucun médecin de l'armée ne fut envoyé. Le contrôle général appartenait à la 1ʳᵉ division d'armée territoriale. Au fur et à mesure de leur guérison, les prisonniers étaient remis à la division d'armée susdite. Plus tard, le 7 décembre, au moment où les blessés chinois, internés à Osaka, allaient être confiés aux soins de la section locale de notre Société en cette ville, M. Ishiguro, directeur général du service de santé en campagne, adressa l'instruction suivante au chef de service médical de la 4ᵉ division d'armée territoriale :

1° Le traitement des prisonniers malades est confié, sur sa demande, à la section locale d'Osaka de la Société japonaise de la Croix-Rouge ;

2° Les vivres seront fournis par les autorités militaires et les rations seront les mêmes que celles des autres prisonniers ;

3° Les médicaments seront fournis, en nature, par l'hôpital. Leur prix, aliments substantiels compris, sera limité à 6 sen par personne et par jour ;

4° En ce qui touche les effets de literie, d'habillement et les locaux, le soin d'y pourvoir sera laissé au choix de la Société de la Croix-Rouge ; à son défaut, l'hôpital les fournira ;

5° L'enseigne de la Société portera : « *Annexe n°...., de l'hôpital de réserve d'Osaka.* » Pourra, sans inconvénient, y être ajoutée la mention : « *desservie par les soins des membres de la section locale d'Osaka de la Société japonaise de la Croix-Rouge ;* »

6° Si la Société prend tous les frais à sa charge, nourriture, habillement, etc., l'hôpital où seront admis exclusivement les blessés chinois pourra seul être intitulé, sans inconvénient : « *Hôpital de la section locale d'Osaka de la Société japonaise de la Croix-Rouge ;* »

7° Les malades, même s'ils sont à la charge de la Société de la Croix-Rouge, relèveront néanmoins du chef de service médical de la 4° division d'armée territoriale; ils seront, après leur guérison, transférés par la division au lieu d'internement des autres prisonniers;

8° En ce qui concerne les blessés, avis des décès ou des guérisons complètes seront donnés par le chef du service médical au directeur général du service de santé en campagne;

9° Quand même la Société prendrait tous les frais à sa charge, elle devra se maintenir dans les limites des allocations attribuées aux malades militaires.

I. — Zones dans les limites desquelles le personnel de notre Société fut employé.

Comme il a été dit, dans l'instruction précitée du Directeur général du service de santé en campagne, nos autorités militaires ne devaient employer le personnel de notre Société que dans les limites des zones ou circonscriptions des étapes. Ceci demande une explication. L'espace compris entre le point de départ sur territoire japonais d'une division d'armée et la ligne de combat contre l'ennemi était divisé en trois zones : 1° la zone de la division d'armée territoriale; 2° la zone des étapes et 3° la zone des troupes combattantes. C'est dans les deux premières zones qu'étaient employés ordinairement les membres du corps volontaire de secours, de sorte que le service de santé des troupes combattantes était exclusivement aux mains de l'élément militaire.

Le principe de ne pas employer le personnel de notre Société au service de santé des troupes combattantes fut strictement observé pendant toute la durée de la guerre sino-japonaise. Les bruits contraires qui ont couru n'étaient que de fausses nouvelles répandues par des journalistes étrangers, peu au courant de l'œuvre de la Croix-Rouge.

II. — Discipline a laquelle était soumis le personnel de notre Société.

La discipline que devait observer le personnel de notre Société appelé à seconder le service de santé des autorités militaires, était fixée comme suit : le personnel de secours volontaire ne devait pas contrevenir à la discipline régulièrement établie par les autorités militaires. Tout délinquant était suspendu de ses fonctions par le chef du service médical de l'armée compétent et remis par lui au délégué.

III. — ALLOCATION AU PERSONNEL DE LA SOCIÉTÉ.

Notre Société avait toujours été d'avis de lier notre personnel par des engagements obligatoires et d'exercer sur lui un contrôle rigoureux, à cause de la très grande importance du service en temps de guerre. C'est pour obéir à ce principe qu'il limita son initiative personnelle aux collectes en argent ou en nature, en vue d'accroître son fonds social ; mais, en ce qui touche l'exécution de son œuvre, il l'organisa d'une façon obligatoire. Ainsi les médecins, les infirmiers et les infirmières préparés par notre Société étaient tous, ou engagés dès le temps de paix par contrat, ou loués temporairement en temps de guerre. De même, le délégué général et les autres employés à l'œuvre en temps de guerre recevaient des traitements fixes. Au début de la guerre, on s'était servi, sans les rétribuer, de quelques volontaires ; mais bientôt, convaincu de la défectuosité de ce procédé, l'on cessa d'y avoir recours.

Pendant tout le temps qu'il secondait le service de santé en temps de guerre, la nourriture, les effets de literie, etc., de notre personnel, durant l'exercice de sa mission, lui étaient fournis en nature par les autorités militaires. Quant au transport par mer ou par terre du personnel et du matériel des corps d'assistance, le Ministère de la guerre devait accorder toutes les facilités compatibles avec les circonstances.

Ainsi donc, au dedans du pays comme au dehors, le rôle de notre Société se borna à revêtir d'un uniforme ses médecins, ses pharmaciens et ses infirmiers, à les munir convenablement pour les voyages et à les remettre aux autorités militaires. Lorsqu'il s'agissait du personnel destiné à être envoyé à l'étranger, la nourriture, les effets de literie, le logement, les vêtements pour se prémunir contre le froid, les bateaux tant pour l'aller que pour le retour, le transport du matériel, les frais de correspondances, en un mot, toutes les dépenses afférentes aux personnes, étaient à la charge de l'État. Et, quoique Hiroshima fût sur le territoire de l'Empire, on décida même, après la proclamation de l'état de siège dans cette ville, d'étendre au personnel de secours envoyé dans cette ville le privilège des indemnités, tant les autorités militaires étaient bienveillantes à l'égard de notre Société et étaient soucieuses d'alléger ses charges.

Les membres du personnel de secours qui tombèrent malades, en mission, furent admis dans un des hôpitaux de réserve et soignés aux frais de l'État au même titre que les hommes de guerre.

IV. — Insignes.

Le personnel et le matériel des corps d'assistance furent munis, en vertu de la disposition d'une ordonnance de l'autorité militaire, d'un insigne de neutralité, c'est-à-dire d'une croix rouge sur fond blanc. Le personnel de secours de la Société le porte attaché au bras gauche. Ces insignes furent délivrés par la Société. Lorsqu'on en remettait un à l'un des membres du personnel, mention y était faite du nom de la Société et du numéro d'ordre de la remise. Puis une liste indiquant ces numéros ainsi que les noms et prénoms et la condition sociale des intéressés était communiquée en duplicata au chef du service des Bienfaits. Celui-ci en transmettait un exemplaire au directeur général du service de santé en campagne et gardait l'autre en ses mains.

CHAPITRE IV.

Préparatifs de personnel et de matériel en prévision de la guerre.
Fonds social. — Dons.

Fondée la 10e année de Meiji (1877), à l'occasion de la
guerre civile de Kagoshima, sous le nom de Hakuaïsha, la
Société japonaise de la Croix-Rouge ne compta d'abord qu'un
petit nombre de membres et ne disposait que de faibles ressources; la situation était peu florissante. De plus, à cette
époque, l'armée japonaise n'était pas organisée comme elle
l'est aujourd'hui. Pour ces raisons, l'expérience acquise
alors fut insignifiante. Depuis lors, elle porta bien secours
aux blessés en différentes occasions, notamment lors de
l'irruption du mont Bantaï, du naufrage d'un navire de
guerre turc, du tremblement de terre qui désola les deux
provinces de Mino et d'Owari; elle se livra même plusieurs
fois à des exercices et manœuvres à la suite de troupes en
marche. Mais jamais elle n'avait porté secours aux blessés
sur les champs de bataille.

S'il est d'une importance incontestable de se préparer en
temps de paix en prévision de la guerre, la première précaution qui s'impose de toute nécessité est celle de s'assurer un
fonds de ressources. La Société s'était, avant tout, préoccupée
de cette question, pendant les quelques années qui ont pré-
cédé la guerre. Tant par ses économies que par les adhérences nombreuses qu'elle obtint dans toutes les provinces
de l'Empire, elle avait augmenté son fonds social.

Quant aux préparatifs en personnel et en matériel en prévision de la guerre, ils avaient consisté en un plan sommaire
et en quelques règles générales tracées pour en assurer
l'exécution.

Le plan sommaire en vue du service de secours en temps

de guerre, établi de la façon suivante, la 22ᵉ année de Meiji (1889) après entente avec le Ministère de la guerre, consistait à :

1° Créer, dans chaque circonscription d'étape d'une division d'armée, douze hôpitaux, dont chacun pût admettre cent malades ou blessés ;

2° Créer, dans chaque circonscription d'étape d'un corps d'armée, douze hôpitaux, dont chacun pût admettre deux cents malades ou blessés.

La composition et l'organisation du personnel et du matériel de ces hôpitaux furent déterminées comme il suit :

I. — Personnel.

A.) Organisation du personnel de secours :

Désignation des membres du personnel.	Nombre nécessaire pour 100 hospitalisés.	Nombre nécessaire pour 200 hospitalisés.
Médecin en chef	1	1
Médecins	3	4
Pharmaciens	1	2
Infirmière en chef	1	1
Infirmières	20	40
Aiguiseur	1	1
Administrateur	1	1
Commis	1	1
Trésorier	1	1
Huissiers	2	2
Hommes de peine	6	6
Total	38	60

Cette liste n'indiquait, comme on le voit, que les grandes lignes de l'organisation. Lorsque la guerre éclata, le personnel qui pouvait être immédiatement expédié comprenait : 16 médecins, 3 pharmaciens, 85 infirmières appartenant à l'hôpital établi au siège central de la Société, à Tokio. Il y avait, en outre, à la section locale de Hokkaido, 38 infirmières; à celle d'Osaka, 12; à celle de Kioto, 2; à celle d'Okayama, 19; à celle de Hiroshima, 13; à celle d'Ehimé, 8. De plus, chaque section locale avait un certain nombre d'infirmières en formation. Comme les délégués pouvaient être pris parmi les administrateurs du siège central, à Tokio, et les secrétaires et les trésoriers parmi son personnel et celui de son hôpital à Tokio, il s'ensuivait qu'on pouvait sans difficulté satisfaire sur le champ à une nécessité urgente. Telle était la situation au moment de la déclaration de la guerre. Aussitôt après, l'hôpital procéda au choix des médecins et des pharmaciens, et invita chaque section locale à fournir des médecins et des infirmières.

Pendant cette expédition, le Ministère de la guerre n'autorisa pas l'envoi d'infirmières sur les champs de bataille; il prescrivit que les hommes seuls pourraient y être expédiés. En conséquence, l'on pourvut aux premiers besoins en recrutant le personnel nécessaire parmi les anciens infirmiers de l'armée, parmi les étudiants en médecine et parmi toutes les autres personnes ayant l'expérience pratique de la garde des malades. Mais l'on sentit bientôt la nécessité de préparer sommairement, au siège central de la Société, à Tokio, un nombre plus ou moins grand de personnes destinées à ce service, afin de combler les vacances ou de renforcer les détachements existants. Dans ce but, des candidats furent recrutés au mois de novembre. On détermina le programme des matières à étudier et 275 personnes reçurent cette formation sommaire.

Le Ministère de la guerre autorisa l'emploi des infirmières pour le service de secours aux blessés à l'intérieur de l'Empire. Par une communication, en date du 8 octobre, les sections locales furent invitées à former sommairement les infirmières, pour l'usage desquelles un manuel en quatre chapitres fut composé. En groupant ensemble les infirmières de formation rapide et sommaire, préparées par les soins des différentes sections locales, on arriva à disposer d'un personnel de 668 personnes aptes à être employées.

Dès l'ouverture des hostilités, le siège central à Tokio organisa quatre détachements, destinés pour 200 malades. Les sections locales de Kioto et d'Osaka en préparèrent chacune un autre. Au mois de septembre, on fit organiser un détachement pour 100 malades par chacune des dix sections locales du Hokkaido, Hiogo, Nagasaki, Nagoya, Niigata, Gumma, Miyagui, Ehimé, Kumamoto et Fukuoka, dans les villes de casernement. Ces détachements pouvaient être ou employés dans les hôpitaux militaires locaux ou être envoyés dans quelque autre endroit au dedans ou au dehors de l'Empire.

Quant aux postes accidentellement nécessaires, on les remplissait, suivant les besoins, avec des personnes prises soit au siège de la Société, soit parmi les employés ou associés locaux, soit parmi les volontaires.

II. — MATÉRIEL.

La distribution du matériel de santé, des effets d'habillement et de literie, fut organisée comme celle du personnel ; elle fut fixée de la façon suivante :

Matériel de santé pour un hôpital.

Désignation des articles.	Nombre pour 100 personnes.	Nombre pour 200 personnes.
Paniers régimentaires	6	12
Tentes	3	6
Brancards	6	12

Effets d'habillement et de literie à l'usage des hospitalisés.

Désignation des articles.	Nombre pour 100 malades.	Nombre pour 200 malades.
Robes simples de malade . . .	125	250
— doublées de malade . . .	110	220
— ouatées de malade . . .	105	210
Chemises.	105	240
Ceintures	105	210
Couvertures de laine simples . .	400	800
Taies de couvertures.	105	240
Sacs et taies d'oreillers . . .	105	210
Draps	250	500
Moustiquaires pour 4 personnes .	25	50

Effets d'habillement et de literie à l'usage du personnel de secours.

Désignation des articles.	Nombre pour un local affecté à 100 malades.	Nombre pour un local affecté à 200 malades.
Casquettes des servants	8	10
Uniformes d'été des servants	16 complets	20
— d'hiver des servants	8 —	10
Capotes et capuchons des servants	8 —	10
Bonnets d'infirmières	63	123
Uniformes d'infirmières	63	123
Casquettes et enveloppes de casquettes des huissiers et de l'aiguiseur	3 complets	3
Uniformes d'été idem	6 —	6
— d'hiver idem	3 —	3
Capotes et capuchons idem	3 —	3
Guêtres	3 paires	3
Couvertures de laine simples	106	169
Taies de couvertures	30	51
Sacs et taies d'oreillers	30	51
Draps	16	20
Moustiquaires pour 4 hommes	8	15

La liste précédente n'indique que la nomenclature du matériel qui doit être tenu prêt. Au moment de l'ouverture des hostilités, le matériel qui existait n'avait pas le nombre voulu indiqué par la nomenclature.

En ce qui concerne les médicaments, les antiseptiques et les linges pour bandages, on pouvait toujours en avoir suffisamment assez pour répondre à la consommation. Mais il n'en était pas de même du matériel de santé, des vêtements et de la literie ; avec la quantité existante, on pouvait à peine subvenir à une faible partie du service de secours. En conséquence, on procéda immédiatement, par les moyens les plus rapides, à la fabrication du matériel de santé, des vêtements et de la literie, pour pourvoir les 4 hôpitaux, et, en même temps, ordre fut donné aux deux sections locales de Kioto et d'Osaka de tenir chacune prêt le matériel d'un hôpital.

De cette façon, on se trouva pourvu d'un matériel pour 6 hôpitaux. On projeta alors d'en mettre 5 au service de l'ar-

mée de terre et de mettre le 6ᵉ au service de la marine, et
l'on prévint de cette intention le ministre de la marine et le
chef du service des Bienfaits, au Ministère de la guerre.

Après la déclaration de la guerre, au mois d'août, le Ministère de la guerre décida de transformer les hôpitaux terri-
toriaux de chaque ville de casernement en hôpitaux de
réserve et de diriger sur eux autant que possible les blessés
ou les malades de guérison difficile, mais capables cependant
de supporter les fatigues d'un long voyage. De l'exécution de
cette mesure, on pouvait donc prévoir la possibilité de l'augmentation du nombre des hospitalisés et, par suite, la nécessité d'un appel au concours de la Société de la Croix-Rouge.
Aussi, celle-ci prit-elle, sans retard, les mesures nécessaires,
en vue de cette éventualité : ordre fut donné, le 17 septembre,
aux sections locales dans les villes de casernement, de tenir
prêt chacune un hôpital ; cet ordre fut entendu, car les sections locales du Hokkaido, de Hiogo, de Nagasaki, de Niigata,
de Gumma, de Nagoya, de Miyagui, d'Ehimé et de Kumamoto annoncèrent, les unes après les autres, que leurs préparatifs étaient terminés. Le 10 novembre, une liste de tout le
matériel tenu disponible fut remise au chef du service des
Bienfaits.

Parmi les dons provenant tant du Japon que de l'étranger,
une grande quantité put être utilisée comme matériel de
secours. On peut citer, notamment, le matériel de secours
pour 25 malades, envoyé par la Société russe de la Croix-
Rouge ; 12 boîtes d'instruments de chirurgie de la Société
allemande de la Croix-Rouge, et 3 boîtes d'instruments de
chirurgie de la Société française de la Croix-Rouge, qui con-
tribuèrent beaucoup à améliorer le matériel de notre Société.

Les préparatifs de notre Société qui avaient été ainsi effec-
tués précipitamment, laissaient naturellement beaucoup à
désirer ; mais, heureusement, ceux de l'armée étaient com-
plets et abondants. Aussi une grande partie des préparatifs
de notre Société n'eut pas à être utilisée et resta déposée dans
des *godown* des différentes localités.

III. — Fonds de secours et souscription.

Avant que notre Société eut lancé son appel au public pour ouvrir une souscription en faveur de son fonds de secours, plusieurs personnes, 59 environ, avaient pris les devants et envoyé des offrandes dont le montant s'éleva à 350 yen 50 et des dons en nature au nombre de 8.

Lorsque, après la déclaration de la guerre, le 1er août, notre Société se mit à l'œuvre, elle sentit la nécessité et l'urgence de réunir des ressources pour son fonds de secours. Pour y arriver, elle rédigea et distribua, le 3, à plusieurs dizaines de mille d'exemplaires, un appel adressé au public. L'avis fut envoyé au chef des comités de tous les arrondissements et communes du département de Tokio et publié en même temps au *Journal officiel* et dans tous les organes de la presse de Tokio. Communiqué aussi aux sections locales, il fut, par leurs soins, inséré dans les journaux départementaux. La Société espérait, en augmentant son fonds de secours, assurer plus efficacement et sur une plus grande échelle l'exécution de son œuvre de secours.

Le 4 août, le Comité international de la Croix-Rouge de Genève notifia par télégramme l'envoi d'un don de 2.000 francs. Notre Société fut particulièrement touchée de cet acte de prompte générosité.

Le nombre de personnes privées et de corps constitués qui, du mois de juillet de la 27e année de Meiji (1894) au mois d'août de l'année suivante, adressèrent, à l'occasion de la guerre, des dons en argent ou en nature à notre Société, fut, pour les premières (nationaux et étrangers compris), de 43.547 et, pour les seconds, de 518. Le chiffre total des sommes recueillies s'éleva à 72.088 yen 56 sen, et celui des objets à 165.630 objets : les envois de l'étranger ou des étrangers résidant au Japon figurent pour 14.942 yen 63 sen et 1.059 objets.

Les noms des donateurs, ainsi que le montant de leurs

souscriptions et la désignation des objets fournis par eux, furent publiés au *Journal officiel* et dans les journaux.

Parmi les sociétés étrangères de l'Union, la Société autrichienne de la Croix-Rouge nous envoya la somme de 1.971 yen 96 sen ; la Société de la Croix-Rouge des Indes néerlandaises, 1.775 yen 20 sen ; le Comité international de la Croix-Rouge de Genève, 719 yen 42 sen. Nous avons déjà dit aussi que la Société russe de la Croix-Rouge avait envoyé un matériel de secours pour 25 malades ; la Société allemande de la Croix-Rouge, 12 boîtes d'instruments de chirurgie, et la Société française de la Croix-Rouge, 3 boîtes d'instruments de chirurgie.

Les dons et les souscriptions susdits furent faits spécialement en vue de la présente guerre. Mais il y avait, en outre, plusieurs autres dons qui furent faits, dans le même temps, aux fonds généraux et avec d'autres destinations.

On releva, à cette occasion, les faits les plus touchants qui témoignaient chez des pauvres, des femmes ou des enfants, les sentiments les plus généreux et les plus nobles. On en vit qui, émus d'enthousiasme pour l'œuvre de bienfaisance de notre Société et oubliant leurs propres nécessités, nous ont fait parvenir de modestes offrandes.

En voici quelques exemples :

0 yen 40 sen, de la part d'une vieille femme, nommée Tsunabuti Natsu, domiciliée au village Higashi Murayama, arrondissement de Kita Tama, dans le département de Tokio. Elle était de famille pauvre et désirait cependant ardemment envoyer quelque chose ; mais ses ressources ne le lui permettant pas, elle se mit à tordre des cordes, et c'est le produit du travail de plus de 30 soirées qu'elle donna à notre Société.

10 yen, de la part d'une femme, nommée Ono-Hiro, domiciliée au village d'Oshima, arrondissement de Minami Katsushika, département de Tokio. Regrettant de n'avoir pas un membre de sa famille sous les drapeaux, pour faire partie de l'expédition, elle aurait voulu devenir infirmière et, en cette qualité, être attachée elle-même à un corps d'expédition, afin, pensait-elle, de reconnaître les bienfaits de sa patrie ; mais, dans l'impossibilité d'exécuter ce projet, elle fit don de ses 10 yen à notre Société.

5 yen, de la part d'un enfant de 12 ans et 7 mois, Sakaï Kitiro, domicilié à Motomati, Yokohama, département de Kanagawa. Au mois de février de la 26ᵉ année, il s'était rendu à Honolulu, capitale de Hawaï. Pendant le loisir de ses études, il distribuait des journaux et, avec ce produit, il subvenait à ses dépenses. Vivement ému à la nouvelle de la guerre, il envoya à son père, en le chargeant d'en faire don à la Société de la Croix-Rouge, cette petite somme de 5 yen, économisée sur ces dépenses quotidiennes.

0 yen 14 sen, de la part de Maruyama Jounkiti, fils aîné de Kanekiti et âgé de 5 ans et 4 mois, domicilié au village Higashi Nariha, arrondissement de Kawakami, département d'Okayama. Le 3 février de la 28ᵉ année, cet enfant se présenta à la mairie du village de Hagashi Nariha, avec la somme sus-indiquée, placée dans un porte-monnaie, et dit : « Donnez-le, s'il vous plaît, aux blessés de Chine ! » Mais à l'âge où il était — il fréquentait encore la salle d'asile, — la parole lui manquait pour s'expliquer. Pour avoir des détails, on s'adressa à son père. Celui-ci répondit qu'il était d'usage local, à l'occasion du jour de l'an de l'ancien calendrier, de faire de petits cadeaux en argent entre parents ou amis, et que son fils avait exprimé le désir d'épargner l'argent ainsi reçu, afin d'en faire don aux soldats blessés ou malades, vivement ému qu'il était du récit de leurs souffrances. Le sous-préfet, Matsui, délégué en chef de cet arrondissement, pria la Société de prendre en considération les sentiments sincères de cet enfant, qui pensait au bien-être de l'armée, et de joindre son offrande au fonds social de secours.

Un fait très remarquable et réellement surprenant fut l'augmentation subite du nombre des adhérences à la Société et des contributions au fonds social. Aussi, d'après un compte rendu du 31 août de la 28ᵉ année de Meiji (1895), le nombre des sociétaires s'élevait à 170.041, chiffre supérieur de 109.412 à celui d'avant l'ouverture des hostilités. Les cotisations annuelles de ces nouveaux membres dépassaient 450.000 yen. (1)

Avec de pareilles ressources, la Société japonaise de la Croix-Rouge, qui n'était pas très riche au début de la guerre,

---

(1) Même après la guerre, les adhérences s'accrurent toujours d'année en année ; les membres de la Société s'élèvent aujourd'hui au nombre de 350.000, et les cotisations annuelles sont de 1.500.000 yen.

ne ressentit cependant jamais aucune gêne dans son fonctionnement. Après avoir accordé des indemnités suffisantes au personnel de secours et des récompenses à ceux qui avaient rendu des services éclatants, il restait encore, après le rétablissement de la paix, plus de 670.000 yen à l'actif de la Société. (*Voir à la fin le tableau sommaire des recettes et des dépenses.*)

CHAPITRE V.

Travaux du premier détachement de secours, envoyé en Corée.

La Société japonaise de la Croix-Rouge envoya, le 28 août, en vertu de l'autorisation du Ministre de la guerre, un premier détachement de secours sur le territoire des étapes de la première armée d'expédition. Ce détachement se composait de 41 personnes, à savoir : le lieutenant Shichiri Chinami, délégué ; les commis-trésoriers Ota Daïchin et Odani Shinshiro ; le commis-interprète Onuki Jiro ; le médecin en chef provisoire Muraouchi Sukemitsu ; les médecins Mitomi Bunshi, Okazaki Hidetami, Tomita Zéshi, Takeyama Kin ; les pharmaciens Iwasaki Rioutaro, Nagashima Hidéharu ; trois sergents-infirmiers et 27 infirmiers. Ce personnel emporta le matériel de santé d'un hôpital de campagne au complet, c'est-à-dire un matériel composé d'antiseptiques, de bandages, de médicaments, d'effets de literie et d'habillement des malades, d'instruments de médecine et de chirurgie, d'appareils et ustensiles pharmaceutiques, de brancards, etc., matériel qui fut fourni entièrement par le siège central de notre Société, à Tokio.

Ce détachement, parti de Tokio le 2 septembre de la 28ᵉ année de Meiji, s'embarqua à Ujina sur le *Yokohama-Maru* et arriva, en Corée, à Jinsen (Chemulpo), le 12. Il prit provisoirement logement dans la villa d'un fonctionnaire coréen de cette ville, après quoi il se prépara à se mettre à l'œuvre. Le chef du service médical de l'armée, M. Ishizaka, qui était alors à Jinsen, donna à notre personnel l'ordre de choisir un terrain pour y bâtir un hôpital de secours. On choisit comme emplacement un plateau situé au nord et proche de l'hôpital d'évacuation, et l'autorité militaire compétente procéda immédiatement à la construction de bâtiments provisoires. Le délégué et le médecin en chef rendirent successivement visite au général de brigade En-ya, directeur des étapes, au docteur Arima, médecin militaire de 2ᵉ classe, chef de l'hôpital d'évacuation de Jinsen, à l'intendant de 1ʳᵉ classe Sakata, chef du service de l'intendance, etc., et délibérèrent avec eux sur la manière dont serait faite la fourniture des vivres et des approvisionnements et sur la dénomination de notre hôpital en temps de guerre.

Sur ce dernier point, il fut décidé que l'hôpital prendrait le titre de *Premier hôpital de campagne de la Société japonaise de la Croix-Rouge*.

A ce moment, nos troupes s'avançaient par différents chemins sur la place forte ennemie de Ping-yang (Heijio). L'une des colonnes s'acheminait par la route de Guënsan et une autre, par celle de Jinsen. Le commandant en chef, le maréchal Yamagata et son état-major, ainsi que le commandant de la 3ᵉ division, général Katsura, quittèrent Jinsen les 13 et 14 septembre, à destination du théâtre des opérations militaires. Une bataille décisive paraissait imminente. L'attente se réalisa enfin le jour de la grande bataille de Ping-yang où, après une éclatante victoire, notre armée s'empara de cette forteresse et vit l'ennemi se disperser et s'enfuir dans toutes les directions.

I. — SERVICE DE SECOURS A JINSEN (CHEMULPO).

Le 10 septembre de la 27ᵉ année de Meiji (1894), fut achevé et remis à notre personnel le local provisoire de l'hôpital, composé de deux bâtiments parallèles et de leurs annexes. Il était situé à une distance de 4 cho environ d'une rue dite Choukamé, dans le parc de Jinsen, sur un plateau un peu élevé, bordé au S.-E. par une colline et s'étendant en pente douce vers le N.-O. Le 17 septembre, fut admis le premier malade et inauguré le service de secours à l'étranger.

A ce moment, la dyssenterie sévissait et frappait non seulement les militaires et les employés de l'armée résidant à Jinsen, mais aussi les malades du corps expéditionnaire qui avaient été renvoyés dans cette ville. Sur 105 malades qui se trouvaient, le 17 septembre, dans l'hôpital d'évacuation de cette ville, 103 souffraient de cette maladie. Or, on était justement au lendemain de la bataille si meurtrière de Ping-yang et les malades et les blessés évacués, qui devaient séjourner à Jinsen ou être rapatriés, arrivaient en masse.

Le 26 septembre, un nouveau local provisoire, composé de trois bâtiments parallèles (dont chacun pouvait contenir 50 personnes) et d'une dépendance, fut remis à notre personnel, en échange de celui qui lui avait été prêté antérieurement par l'autorité militaire. Les malades y furent immédiatement transportés.

Le 6 octobre, à une heure de l'après-midi, l'ordre suivant fut adressé à notre personnel :

L'hôpital de la Société de la Croix-Rouge, à Jinsen, est invité à faire le plus promptement possible ses préparatifs de départ et à se rendre à Ping-yang où le personnel sera employé au service de secours des blessés et des malades, sous la direction et les ordres de M. Wakiya, chef du corps de santé de réserve.

KOIKÉ MASANAO,
Chef du service médical des étapes de la 1re armée d'expédition.

Le 5 octobre de la 27e année de Meiji.

Le délégué informa alors le chef de l'hôpital d'évacuation, M. Arima, du départ de son personnel pour Ping-yang, lui remit les malades confiés aux soins de la Société et, dès ce même jour, cessa le service de l'hôpital de la Société de la Croix-Rouge, à Jinsen. Pendant les trois jours que notre personnel séjourna encore à Jinsen, en attendant le départ du navire, il profita de ce temps pour s'entendre avec le chef du service médical de l'armée et le service des étapes et prendre les mesures nécessaires pour le transport des médicaments, du matériel de santé, etc. Le 9 octobre, il s'embarqua sur le *Shario-Maru*, qui leva l'ancre le lendemain, à destination de l'embouchure du Taïdong (Daïdo-ko).

La durée du séjour de ce détachement à Jinsen fut de

28 jours, du 12 septembre au 9 octobre, où il partit pour
Ping-yang, et la durée de son service de secours fut de
24 jours, du 16 septembre au 9 octobre. Les malades soignés
dans notre hôpital, pendant cet intervalle, furent au nombre
de 100, savoir :

Grades	Nombre d'hospitalisés.	Nombre de jours de secours donné.
Officiers	2	51
Sous-officiers	77	1.287
Coolies	21	162
TOTAL . . .	100	1.500

Le nombre de personnes, venues du dehors à la consultation, fut de 84, tous Japonais.

Notre premier détachement à Jinsen ne se borna pas à
exercer son service à l'intérieur de l'hôpital ; dans certains
cas urgents, il seconda aussi le service de santé de l'armée
en dehors de l'hôpital.

Ainsi, lorsque des malades, au nombre de plus de 40, arrivèrent, le 15 septembre, de l'hôpital d'évacuation de Man-
riso à l'hôpital d'évacuation de Jinsen, tout notre personnel
se rendit de suite à ce dernier hôpital et prêta son concours
pour recevoir les malades.

Après la bataille de Ping-yang, notre personnel, à la
requête de l'hôpital d'évacuation, porta secours, à trois reprises différentes, à bord des navires transportant des malades et des blessés, pendant leur escale dans le port de Jinsen.
Une première fois, ce fut le 29 septembre, à bord du *Settsu-
Maru* qui s'arrêta à Jinsen, avec 120 blessés. Un groupe de
notre détachement, composé de dix-huit personnes, le médecin-chef en tête, se rendit à bord avec le chef de l'hôpital
d'évacuation et donna des soins aux blessés pendant toute la
nuit. — La deuxième fois, ce fut, le 1er octobre, à bord de
l'*Etigo-Maru* qui fit escale, ayant à son bord 120 blessés de
la bataille de Ping-yang ; deux médecins et un infirmier de
notre personnel prêtèrent, en cette occasion, leur concours
pour le pansement des blessés. — La troisième fois, le 3 oc-

tobre, ce fut à bord du *Jinsen-Maru* qui fit escale, chargé
de 108 officiers blessés à la bataille de Ping-yang ; trois
médecins, un pharmacien et six infirmiers se rendirent à
bord et donnèrent des soins durant toute la nuit. Le nombre
total des blessés soignés par les médecins de notre personnel, en ces trois occasions, fut de 34 à bord du *Settsu-Maru*,
de 9 à bord de l'*Etigo-Maru* et de 45 à bord du *Jinsen-
Maru*, ce qui fait en tout 88. Si l'on additionne le nombre
des hospitalisés, celui des externes et celui des blessés que
notre personnel soigna à bord de navires, on obtient un total
de 272 personnes.

La dyssenterie sévissait, comme nous l'avons dit, à Jinsen,
pendant que notre premier détachement y était en service.
Nos médecins, Mitomi et Také-Yama, et cinq sergents et
infirmiers, atteints eux aussi de cette maladie, furent admis
à l'hôpital d'évacuation de Jinsen. Bientôt après, les deux
médecins furent rapatriés. Ce seul fait suffit pour faire comprendre quelles étaient les difficultés du service. Notre détachement se vit donc privé, pendant son séjour à Jinsen, de
sept de ses membres, de sorte qu'il n'y en eut que 34 à partir de cette ville, le 9 octobre, à destination de Ping-yang.

II. — SERVICE DE SECOURS À PING-YANG (HEIJO).

Notre premier détachement partit de Jinsen, le 10 octobre
de la 27ᵉ année (1894), à bord du *Shario-Maru*. Le 11, dans la
matinée, il arriva à Kishimpo, situé à 30 milles de l'embouchure du Taidong (Daido-ko), sur la rive nord de ce fleuve.
De là, jusqu'à Ping-yang, le fleuve n'est pas assez profond
pour permettre aux grands navires de le remonter plus loin ;
on ne peut, tout au plus, continuer la navigation qu'au
moyen de petits vapeurs ou de barques coréennes.

Par suite des difficultés de communication, notre détachement ne pouvait transporter en une seule fois son personnel et son matériel à Ping-yang. C'est pourquoi le
délégué, accompagné d'un commis et d'un infirmier, partit
le premier et arriva dans cette ville le 12. Il se présenta au

chef du service d'étape de la première armée d'expédition et à celui de l'hôpital d'évacuation pour recevoir leurs ordres. Le lendemain, le temple Guiretsu-shi ayant été désigné pour le logement de notre personnel, le délégué s'y transporta. Le commandant d'étape avisa notre personnel que, dans le cas où la Société de la Croix-Rouge établirait un hôpital, elle aurait à se pourvoir elle-même des ustensiles de cuisine et de la vaisselle de table. La difficulté de s'en procurer était très grande, car la population s'était dispersée de tous côtés après la bataille et les habitants étaient rares ; de plus, les meubles laissés ou abandonnés avaient déjà été recueillis par les troupes ou les coolies, de sorte qu'il ne restait presque plus rien. Très heureusement, le troisième hôpital de campagne devait marcher en avant et quitter Ping-yang ; notre personnel obtint, dès lors, du service d'étape, l'autorisation de se procurer les ustensiles de cuisine laissés par cet hôpital. Le 15 octobre, ceux de notre personnel qui étaient restés à Kishimpo, arrivèrent tous avec les bagages, et le lendemain l'hôpital pouvait être ouvert. Mais, ce même jour, dans l'après-midi, M. Koïké, chef du service médical des étapes, informa notre détachement que le deuxième hôpital d'évacuation allait lui être confié et arriver dès le lendemain.

Le 17 octobre, dans la matinée, le deuxième hôpital d'évacuation remit à notre détachement son local ainsi que les malades et les blessés qui s'y trouvaient. Depuis lors, l'hôpital fut appelé *Premier hôpital de campagne de la Société japonaise de la Croix-Rouge à Ping-yang*. Il était situé dans un château au nord de la ville, sur le bord du Taïdong, et était établi dans les bâtiments d'une ancienne caserne chinoise dont les salles étaient très étroites : les plus grandes contenaient à peine dix personnes. Les bâtiments étaient, suivant l'usage coréen, faits d'un mélange de terre et de pierres et recouverts d'une légère couche de paille ou de paillassons. L'eau potable était puisée dans le Taïdong, en dehors du château ; quoique peu limpide, elle pouvait, à la rigueur, suffire à la boisson des gens bien portants ; mais, pour l'usage des malades, il fallait la faire bouillir une ou deux fois. De plus, la vaisselle de table et les autres ustensiles nécessaires faisant défaut, le service de secours, laissa souvent à désirer, au grand préjudice des malades. Toutefois, grâce aux efforts de notre personnel de secours, guidé par le délégué et le médecin-chef, l'hôpital finit par prendre tant bien que mal, au bout de quelques jours, une apparence digne de sa destination.

Notre personnel de secours prodigua ses soins aux blessés, à Ping-yang, jusqu'au 23 novembre. Vers cette date, les malades de cette ville avaient été en grande partie évacués; il n'en restait que très peu; il n'y avait plus à entrer à l'hôpital que quelques malades venant de temps en temps d'Anshou ou de d'autres localités adjacentes. Or, les troupes même qui se trouvaient dans ces dernières localités, s'étant peu à peu avancées dans la direction de Gishiu (Wiju), avaient à peu près terminé l'évacuation de leurs malades sur l'hôpital d'évacuation de Ping-yang et sur le premier hôpital de campagne de notre Société; il ne restait donc plus à être admis et soignés à Ping-yang que les malades qui pouvaient venir des troupes de garde des environs. Aussi, le service de l'hôpital d'évacuation commençant à chômer, les malades de cet hôpital furent-ils transférés dans le nôtre qui fut converti en hôpital d'évacuation et dont notre personnel fut chargé d'une partie du service. Dès lors, les deux hôpitaux, confondus en un seul, ajoutèrent-ils à leur nom l'expression : *Confié au personnel de secours de la Société japonaise de la Croix-Rouge*, et continuèrent leurs travaux. C'était le 10 décembre de la 27ᵉ année de Meiji. Depuis le 17 octobre, jour où nous avions commencé nos travaux à Ping-yang, jusqu'au jour de la fusion des deux hôpitaux, il s'écoula 54 jours.

Au début du service de notre personnel à Ping-yang, le nombre de ses membres n'avait été que de 34. Aussi le service de secours avait-il été très pressant et très difficile. Mais, le 29 octobre, un renfort de 10 infirmiers, sous les ordres d'un sergent, vint, envoyé par le siège central de Tokio, s'adjoindre à notre personnel. Le 30 octobre également, les cinq personnes restées à Jinsen à cause de leur santé, arrivèrent et reprirent leur service, de sorte que notre personnel put reprendre son fonctionnement régulier.

Au commencement de novembre, Ping-yang, qui était au lendemain d'une sanglante bataille, se trouvait encore en complet désarroi : le nettoyage des rues n'était pas achevé et partout régnait une malpropreté repoussante, causes compromettant la santé publique. De plus, la dyssenterie et le typhus intestinal sévissaient à ce moment avec une force redoutable et la plus grande partie des malades en étaient atteints ; beaucoup des membres de notre personnel même en souffrirent. Le 4 novembre, le délégué Shichiri, le médecin en chef Muraouchi, le pharmacien Iwasaki et six infirmiers atteints de la dyssenterie ou du typhus intestinal furent admis à l'hôpital. Le 6 novembre, le médecin-adjoint Nagashima fut atteint du typhus. Ils furent, les uns après les autres, rapatriés ainsi que plusieurs infirmiers. Dans cet intervalle, 5 infirmiers moururent de la dyssenterie ou du typhus intestinal. Depuis son débarquement à Jinsen, notre personnel avait eu 20 de ses membres sur 41 frappés par l'épidémie, de sorte que, malgré l'arrivée de renforts ou de remplaçants, les membres capables d'un service effectif ne se trouvaient pas plus nombreux qu'à l'époque de l'arrivée à Ping-yang. Ce fut surtout au commencement de novembre que le service fut le plus éprouvé : le délégué, le médecin en chef et d'autres encore étant tombés malades, les deux médecins Okazaki et Tomita furent obligés de gérer seuls le service médical de notre hôpital. Heureusement, à ce moment critique, deux médecins, Mori Iga et Muda Honzô, vinrent à leur aide. Au commencement de décembre, le délégué provisoire Yizawa Kosuké, le médecin en chef provisoire Koyama Zën, le pharmacien Kichikuni Torajiro, etc., vinrent remplacer leurs prédécesseurs et prendre en main le service de secours ; de la sorte, notre personnel se retrouva, le 10 décembre, au complet et put obtenir ainsi des avantages considérables.

Le 4 décembre, le chef du service médical de l'armée, M. Ishizaka, qui était à Antong, avait envoyé, par télégramme, à notre délégué de Ping-yang, l'ordre d'expédier la moitié de son personnel à Gishiu, de désigner sans retard le personnel et de faire tous les préparatifs nécessaires. On se conforma à cette instruction et, prêts à partir, on attendit un nouvel ordre. Le 6 décembre, après la réception d'un télégramme de M. Koïké, chef du service médical des étapes à Gishiu, notre personnel décida de partager en deux l'escouade de 16 membres destinée à cette ville. Un premier groupe de 4 membres partit, ayant le médecin Moori pour chef, le 7 décembre, et le second, composé de 12 membres, partit le lendemain, sous la direction du médecin Okazaki. Notre premier détachement se trouva donc divisé en deux parties, desservant chacune un endroit différent. Le personnel de Gishiu se transporta de là à Riusën ; il s'en détacha même une partie pour servir à Kisan. (*Voir pour les détails les chapitres relatifs à Gishiu et Riusën.*)

Depuis lors, les membres de notre personnel de secours restés à Ping-yang continuèrent leur service à l'hôpital d'évacuation pendant quatre mois. Le 31 mars de la 28ᵉ année de Meiji (1895), l'hôpital d'évacuation fut supprimé et remplacé par une infirmerie, dépendant des troupes de garde de la ville et dont notre personnel fut exclusivement chargé.

Le 19 mars, le médecin Muda, du personnel de Ping-yang, partit, escortant des malades que l'on évacuait sur Nampo, dans la province de Hei-an-do. Arrivé à destination, ordre lui fut donné de prendre le service de l'infirmerie de Nampo avec les quatre infirmiers qui l'avaient accompagné.

Ainsi donc, au 31 mars, notre 1ᵉʳ détachement, divisé en quatre groupes, desservait aussi quatre endroits différents : Ping-yang, Gishiu et plus tard Riusën (Yong-Chön), Kisan (Chük-san) et Nampo.

Le service de notre personnel à l'infirmerie de Ping-yang

prit fin le 15 avril de la 28ᵉ année de Meiji et, le lendemain, la plus grande partie du personnel quitta cette localité ; il n'y resta que le pharmacien Kichikuni et trois infirmiers pour prendre soin de l'infirmerie, en attendant que le personnel de santé des troupes de garde qui devait s'en charger fut arrivé; ce qui dura jusqu'au 26 avril. Enfin, à cette date, l'œuvre de notre Société à Ping-yang prit complètement fin.

Dans cet intervalle de 7 mois ou de 193 jours, le nombre de malades soignés dans notre hôpital et par notre personnel de secours se décompose ainsi :

Hospitalisés.

Grades.	Nombre.	Nombre de jours de secours donnés.
Officiers.	3	71
Sous-officiers et soldats . .	573	10.267
Employés de l'armée	3	43
Coolies	239	3.529
Total . . .	818	13.910

Externes.

Japonais, 1.248; — Coréens, 1.273. — Total : 2.521.

III. — Service a Nampo.

Le 16 mars de la 28ᵉ année (1895), le médecin Muda Honzo et sept infirmiers de notre personnel de secours à Ping-yang se rendirent à Nampo, dans la province de Hei-an-do, par ordre de l'autorité compétente, pour escorter des malades de Ping-yang. C'est là que les malades de cette dernière ville et de d'autres localités venaient attendre les bateaux sur lesquels ils pouvaient prendre passage.

Cinq infirmiers furent chargés d'escorter les malades jusqu'au Japon et s'embarquèrent avec eux.

Le médecin Muda, ainsi que deux infirmiers, restèrent à Nampo pour seconder le service de secours des malades dans cette localité. Ce fut le début de l'œuvre de notre Société en cet endroit. Le lieu de logement des blessés et des malades à Nampo était confié principalement au médecin de

l'armée, M. Miwa, et à deux infirmiers; notre personnel ne
fit que les assister dans leurs services. Le 30 mars, un infirmier, venu de Ping-yang pour escorter des malades, reçut
également l'ordre de rester attaché au poste de Nampo.

Bientôt après, M. Miwa et les membres du service de santé
ayant été appelés à d'autres postes, le service de secours du
lieu de logement fut, à partir du 4 avril, exclusivement sous
la direction du médecin Muda et de trois autres personnes,
qui conservèrent cette fonction pendant 26 jours.

Durant cet intervalle, non seulement notre personnel fut
chargé exclusivement du traitement des malades et des
blessés en ce lieu de logement, mais encore, à la demande
de l'autorité compétente, il soigna un très grand nombre de
malades relevant du service accessoire d'étape de Kishimpo
et de Riokō, près de Nampo, et eut en consultation bon
nombre de malades externes. Les malades, auxquels notre
personnel donna des soins du 4 au 30 avril, étaient au nombre de :

Hospitalisés.

Grades.	Nombre.	Nombre de jours de secours donnés.
Officiers.	0	0
Sous-officiers et soldats . . .	31	128
Employés de l'armée.	3	23
Coolies	18	89
TOTAL . . .	52	240

Externes.

Japonais, 500; — Coréens, 19. — Total : 519.

Parmi ces malades externes, sont compris ceux de Kishimpo et de Riokō.

IV. — SERVICE A GISHIU (WIJU).

Le 6 décembre de la 27ᵉ année (1894), le chef du service
médical des étapes de la 1ᵉ armée, M. Koiké, transmit
l'ordre de faire avancer à Gishiu la moitié de notre personnel de Ping-yang. Le 7, le médecin en chef provisoire Moori

Iga, le médecin Tomita Zéshi et deux infirmiers partirent les premiers de Ping-yang. Le 8, ils furent suivis par le médecin Okazaki Hidétami, le commis Onuki Jiro et les autres, emportant le matériel de santé et les approvisionnements nécessaires. Les deux groupes de ce détachement, qui comprenait 19 personnes en tout, après avoir franchi les étapes de Joun-an, Shukushiu, Anshiu, Kazan, Teishiu, Seiishiu, Riosaku-kuan, arrivèrent à destination : le premier, le 14 décembre ; le second, le 19.

Par ordre de M. Fubuki, chef de l'hôpital d'évacuation, le détachement prit immédiatement le service de cet hôpital. Il perdit en chemin un infirmier qui tomba malade et qui fut ramené jusqu'à Ping-yang, escorté par un autre infirmier. Aussi les membres du personnel qui prirent effectivement le service de secours à Gishiu étaient-ils au nombre de 17 seulement, le médecin en chef provisoire compris.

A cette époque, la première armée d'expédition, après avoir traversé le Yalu, venait de s'emparer de Hô-ô-jio (Feng-Hwang-Cheng), d'Antong, de Shougan, de Takuboku-jio, etc., tandis que la seconde venait de prendre Kinshou (Kinchou), Port-Arthur, Fukushou (Foo-chou), etc. Aussi l'hôpital d'évacuation de Gishiu contenait-il, en outre des malades qui s'y trouvaient déjà auparavant, beaucoup de malades expédiés de Hô-ô-jio et des autres localités. Notre personnel exerça son œuvre de secours à Gishiu pendant huit jours. Le 22 décembre, il reçut de M. Koïké, chef du service médical des étapes de la 1re armée, l'ordre de quitter Gishiu et de se rendre à Riusen. Les 17 membres du détachement se dirigèrent alors sur cette ville.

Voici le résultat du service à Gishiu :

Grades.	Nombre.	Nombre de jours de secours donnés.
Officiers.	0	0
Sous-officiers et soldats . .	51	357
Employés de l'armée . . .	3	24
Coolies	58	406
Total . . .	112	784

V. — Service a Riusen (Yong-Chong).

Le détachement de 17 personnes, conduit par le médecin en chef provisoire Moori, partit de Gishiu le 23 décembre de la 27ᵉ année (1894), dans la matinée, et arriva dans la nuit à Riusën. Le chemin était très mauvais et le voyage à pied très difficile, d'autant plus qu'on manquait de lumière pour se guider : quelques-uns, égarés en chemin, n'arrivèrent que le lendemain. Le détachement s'empressa d'aviser le médecin militaire, M. Takénoouchi, et M. Ito, commandant de l'étape de Riusën, pour prendre leurs ordres ; il fut attaché au service du lieu de logement des malades de Riusën.

Le 25 décembre, le trésorier Odani et trois infirmiers de Ping-yang vinrent s'adjoindre à notre détachement, dont l'effectif se trouva porté à 21 personnes.

Riusën était situé entre Gishiu et Kuiyong-po : on y avait établi la troisième section du service du transport des malades, afin de faciliter les rapatriements, chaque fois qu'un transport arrivait à Kuiyong-po. Or, quand notre transport arriva à Riusën, le temps était excessivement froid ; la mer de Kuiyong-po était gelée, de sorte que toute communication avec les navires était interrompue et que le rapatriement des malades était retardé. On résolut donc de retenir en cet endroit tous les malades, en attendant le printemps qui, en faisant fondre les glaces, ouvrirait à nouveau les communications ; en conséquence, un lieu de logement fut établi à Riusën. D'un autre coté, les malades expédiés à Kuiyong-po, faute de moyens d'évacuation et de local pour les abriter, durent être renvoyés à Riusën. Mais, comme Riusën n'était qu'un lieu de passage qui avait été établi et qu'il n'était point disposé pour admettre un grand nombre de malades, cette circonstance ne fit qu'accroître leurs souffrances et doubler les fatigues du personnel de secours.

Notre personnel de secours se chargea dès lors exclusivement de leur traitement. Il répara le bâtiment en détérioration et se livra résolument à son œuvre avec le peu de matériel dont il disposait; c'était, en outre, au plus froid de l'hiver; le bois de chauffage était insuffisant ainsi que les aliments. Malgré cela, il s'ingénia de façon à ne pas laisser trop souffrir les malades. Les résultats obtenus par ce personnel restreint dans l'accomplissement d'une telle œuvre de secours sont dignes de tout éloge.

Les moments les plus durs furent les mois de janvier et de février de la 28ᵉ année de Meiji (1895), où la communication avec Kuiyong-po et Ping-yang fut interrompue. Les malades ne cessèrent d'affluer d'Antong et de Gishiu à ce lieu de passage, si bien que le nombre des malades qui s'y trouvaient le 20 février étaient de 295. Notre personnel ne comportait à ce moment que trois médecins, un pharmacien, deux sergents et neuf infirmiers (capables d'un service effectif). C'était donc un médecin pour 98,3 malades; un sergent pour 141,5; un infirmier pour 32,7. Ces chiffres suffisent à faire comprendre combien tout ce personnel était occupé.

Le 1ᵉʳ mars de la 28ᵉ année de Meiji, ce lieu de logement fut converti en hôpital d'évacuation de Riusën dont M. Takeichi, médecin militaire de 1ʳᵉ classe, devint le chef. Mais le service, la garde et le traitement des hospitalisés restèrent à la charge du seul personnel de notre Société. Comme il n'y avait qu'un seul pharmacien parmi notre personnel, le service de secours continua à être toujours extrêmement surchargé et pressant. Heureusement, une partie du 3ᵉ détachement de secours de notre Société qui était à Shóshin (Chkang-nyön) dans la province de Hei-an-do, en Corée, fut transférée à Riusën par ordre de M. Koiké, chef du service médical des étapes. L'arrivée du pharmacien Suguino, du commis Yoshiyasu et d'infirmiers, au nombre de 17, permit de rétablir le bon fonctionnement de notre œuvre.

Le 17 février, la deuxième armée d'expédition s'était emparée de Wei-Hai-Wei; la première armée en fit autant, le 4 mars, de la ville de New-chwang. Ce fut ce même jour qu'une partie du troisième détachement de secours vint se réunir aux débris du premier.

Depuis cette date (4 mars 1895), notre détachement, à Riusën, dont l'effectif était remis au complet, se livra avec zèle à son œuvre et attendit patiemment que la saison qui se radoucissait de plus en plus ouvrît à nouveau les voies de communication. Le 15 mars eut lieu la fusion des glaces de Kuiyong-po. Par ordre du chef de l'hôpital d'évacuation, il se prépara alors à l'évacuation des malades. Le 21 et le 29 mars, des membres du service de santé de l'armée vinrent prendre service dans l'hôpital d'évacuation de Riusën. Dès lors, le personnel effectif de l'hôpital, devenu plus nombreux par la réunion du nôtre et de celui du service médical militaire, mit l'œuvre de secours sur un pied de plus en plus satisfaisant.

Le 24 mars, une annexe de l'hôpital d'évacuation de Riusën fut créée à Kisan (Chuk-san), localité située à deux lieues de Riusën et de Kuiyong-po. Cette création fut motivée par la raison suivante : après la fusion des glaces à Kuiyong-po, il fallut procéder à l'évacuation des malades des hôpitaux d'évacuation des environs, et pour cela, au lieu d'envoyer ces malades directement de Riusën à Kuiyong-po, on trouva plus commode de les transporter d'abord à Kisan (Chuk-san) et de les y faire attendre l'arrivée des navires de transport. Cette annexe fut confiée à une partie des membres du service de santé de l'armée, récemment arrivés ; à notre personnel, on demanda seulement deux infirmiers pour servir de pharmaciens. (*Voir, pour les détails, le chapitre sur le service de secours à Kisan.*)

Le 5 avril, le service des étapes de la 1ʳᵉ armée ayant envoyé l'ordre d'évacuer tous les militaires malades hospitalisés, on en commença l'évacuation dès le 6 avril, et le 11 du même mois, l'évacuation sur Kuiyong-po et Kisan était terminée. Le service à Riusën était désormais sans importance. Le 13 avril, les infirmiers, envoyés à Kisan, revinrent à Riusën, après avoir accompli leur mission. Le 17, l'hôpital d'évacuation ayant été fermé, notre personnel reçut lui-même l'ordre d'y cesser son service.

Voici le résumé des œuvres de notre Société à Riusēn :

Notre personnel fut exclusivement chargé de l'établissement du lieu de logement des malades à Riusēn, non seulement depuis le 27 décembre de la 27ᵉ année de Meiji, mais même après sa conversion, le 1ᵉʳ mars, en hôpital de Riusēn. A partir du 24 mars, jour de l'arrivée des membres du service de santé de l'armée, notre personnel n'en resta plus chargé que d'une partie. Il y fut donc en fonctions pendant 115 jours (du 25 décembre au 18 avril). Les résultats de ses travaux, pendant les deux périodes de son service exclusif et de son service partiel, furent les suivants :

Hospitalisés.

Grades.	Nombre.	Nombre de jours de secours donnés.
Officiers	1	6
Sous-officiers et soldats.	397	15.545
Employés de l'armée . .	15	382
Coolies	349	7.228
Total . .	762	23.161

Externes.

Japonais, 86 ; — Coréens, 71. — Total : 157.

VI. — SERVICE A KISAN (CHUK-SAN).

Le 24 mars de la 28ᵉ année (1895), une annexe de l'hôpital d'évacuation ayant été créée à Kisan, une partie des malades de l'hôpital de Riusēn y fut transférée, pour faciliter leur rapatriement de Kuiyong-po. Le médecin militaire, M. Kuwabara, membre du service de santé de l'armée, et d'autres médecins, au nombre de 13, en furent chargés, mais il leur manquait un pharmacien. M. Koiké, chef du service médical des étapes, donna l'ordre d'en choisir un parmi le personnel de secours de notre Société à Riusēn. Or, nous n'en avions qu'un seul. Mais heureusement les deux infirmiers Nozaka et Natsui étaient expérimentés dans les manipulations pharmaceutiques et purent être envoyés à Kisan. Ces deux hommes furent attachés à la pharmacie et assistèrent, en cette fonction, les membres du service médical militaire, à partir du 26 mars et pendant 20 jours. Le 13 avril, à la suite de la fermeture de l'annexe de Kisan, ils revinrent à Riusën reprendre leur service.

L'assistance donnée par notre Société à Kisan se borna donc à la préparation des médicaments. Bien que ce soit une partie indispensable du service d'un hôpital, il peut arriver qu'elle fasse défaut au milieu de l'agitation de la guerre, malgré la circonspection de l'autorité compétente et la perfection de l'organisation. Heureusement, dans la circonstance en question, la présence de personnes expérimentées dans les préparations pharmaceutiques fut un secours précieux pour le service médical de l'annexe de Kisan.

Tel est l'aperçu sommaire des travaux de notre premier détachement. Il donna des soins à 272 malades à Jinsen, à 3.339 à Ping-yang (Heijio), à 571 à Nampo, à 112 à Gishiu, à 919 à Riusën. Le nombre total des malades soignés par lui avec le concours d'une partie de notre troisième détachement s'est élevé à 5.213, dont 1.143 militaires et employés de l'armée et 685 coolies ; les autres étaient des externes. Quant au personnel qui soigna ces malades, il se composa de 41 personnes, effectif du premier envoi ; de 10 autres personnes, envoyées comme renfort au mois d'octobre ; de remplaçants, nécessités par les vacances occasionnées par les maladies ou les empêchements, ce qui porte à 67 le nombre du personnel du premier détachement, et, si l'on ajoute les 17 personnes du troisième détachement venues rejoindre le premier, au moment de l'ouverture du service à Riusën et à Kisan, on arrive au chiffre total de 84 personnes.

CHAPITRE VI.

Travaux du deuxième détachement de secours
envoyé en Chine.

Le 11 octobre de la 27ᵉ année de Meiji (1894), le directeur
général du service de santé en campagne adressa l'ordre suivant à M. Shimidzu Toshi, délégué général de notre Société
à Hiroshima :

La Direction des étapes du sud (1) ayant besoin d'un personnel de
secours, faites expédier à Jinsen un détachement de ce personnel.
Le matériel dont il doit se munir est laissé à l'appréciation de la
Société ; toutefois, l'effectif ne devra pas dépasser 40 personnes.

Le délégué général avisa immédiatement le siège central
de la Société à Tokio, qui forma un deuxième détachement
de secours volontaire. Il était composé de MM. Ogata Isei,
délégué provisoire ; Nakayama Tadasuké, médecin en chef ;
Kanno Youjaburo, Karasutani Tamehidé, Akiyama Kinya et
Kaneko Gakusaburo, médecins ; Ichimura Tetsugwai et
Yamaguchi Senzaburo, pharmaciens ; Araki Morichika, infirmier en chef et trésorier ; Kosoné Tetsukuma, commis-
interprète ; de sergents-infirmiers et d'infirmiers, faisant
un total de 40 personnes. Ce personnel, muni des antiseptiques et des objets de pansement, des effets d'habillement et
de literie, des instruments de chirurgie, des médicaments,
des brancards, etc., nécessaires pour 200 malades, fut expédié de Tokio pour sa destination, le 19 octobre.

Voici quelles étaient, à ce moment, les positions respectives de nos troupes d'expédition : La première armée venait

____

(1) Cette Direction fut provisoirement établie pour les 1ʳᵉˢ et 2ᵉ armées
d'expédition, au moment où la première venait de passer de Corée en
Chine et où la seconde allait débarquer dans la presqu'île de Liao-Toung.

de gagner la grande victoire de Ping-yang (Heijio) et s'avançait vers les frontières sino-coréennes ; son avant-garde avait même déjà pris position près de Yalu. La deuxième armée, embarquée sur plusieurs navires de guerre, avait quitté le port de Ujina, du 15 au 20 du même mois, et se dirigeait vers le Taidong, en Corée. Mais le public, tant national qu'étranger, savait que son objectif était la presqu'île de Liao-Tong, dont elle voulait s'emparer.

Le deuxième détachement de secours volontaire dont il vient d'être question partit le 24 octobre à bord du *Tsukushi-Maru*, affrété par l'État, et arriva le 28 à Jinsen (Chemulpo). Le délégué provisoire, M. Ogata Isei, débarqua immédiatement et informa le commandant des étapes du sud de l'arrivée de son détachement. A 11 heures du matin, M. Yamada, médecin-major de 1re classe des étapes du sud, lui envoya l'ordre de poursuivre sa route et de se rendre immédiatement à Ghio-in-to, sur le Taidong, point de ralliement des 1re et 2e armées d'expédition. Sa lettre était ainsi libellée :

M. Ogata Isei, délégué provisoire ; un médecin en chef, quatre médecins, deux pharmaciens, deux commis-trésoriers, un infirmier en chef et trente-deux autres personnes.

Le personnel sus-mentionné est chargé du service de secours des malades à l'hôpital d'évacuation de Ghio-in-to.

YAMADA Kô,
Chef du service médical de l'étape du sud.

Le 28 octobre de la 27e année de Meiji.

Le même jour, dans l'après-midi, le détachement quitta Jinsen et, le 29, arriva à Ghio-in-to, dans la province de Kwo-kai-do.

I. — SERVICE DE SECOURS A GHIO-IN-TO.

Ce fut le 29 octobre que le détachement arriva à Ghio-in-to. Le commandant d'étape, qui commençait seulement à prendre ses arrangements, n'avait aucun local à mettre à sa disposition, et les 40 personnes furent abritées sous des tentes, dans le voisinage du bureau du commandant d'étape. Comme, à ce moment, la construction de l'hôpital d'évacuation à Ghio-in-to n'était pas encore terminée, notre délégué et notre médecin en chef s'abouchèrent avec M. Taki Daï-kichi, ingénieur civil du ministère de la guerre, chargé de surveiller ces travaux, et s'entendirent pour l'installation des bureaux du personnel administratif, des salles de malades et du logement des membres de leur personnel. Ceux-ci s'étaient, d'ailleurs, déjà mis à donner des soins aux officiers, soldats, coolies et autres malades dans cette localité.

Le village de Ghio-in-to était situé sur le fleuve Taïdong, baigné au N.-E. par la mer et entouré au S.-O. par une chaîne de montagnes ; il était composé de 50 à 60 maisons éparses, au milieu d'une plaine boisée et bien arrosée par une eau extrêmement limpide. On y voyait beaucoup de rizières et de terres labourables. C'était un emplacement qui convenait parfaitement pour un hôpital. Aussi avait-on décidé d'en construire un qui pût contenir environ 1.500 malades, et dans lequel seraient admis, à l'exception de ceux qui devaient être rapatriés, tous les malades, qu'ils fussent de la 1re ou de la 2e armée d'expédition.

Le 2 novembre, M. Hayashi Keitaro, médecin-major de 2e classe, qui venait d'être nommé au poste de Ghio-in-to, arriva de Jinsen pour prendre la direction du service médical. Le chef de notre détachement recevait en même temps du directeur général du service de santé l'ordre d'obéir à M. Hayashi.

Le 9 novembre, le général de brigade, M. Fukuhara, arriva, en qualité de directeur des étapes du sud, à Ghio-in-to et y créa un commandement d'étape.

Le 13 novembre, la construction des chambres de malades étant achevée, l'hôpital d'évacuation de Ghio-in-to fut inauguré, avec M. Hayashi, médecin-major de 2e classe, pour chef provisoire. Dès lors, notre personnel de secours prit définitivement en main le service de l'hôpital d'évacuation, où quatre salles de malades furent confiées à ses soins.

Disons un mot sur les mouvements de nos troupes d'expédition. La première armée venait, à cette époque, de passer le Yalu et d'entrer sur le territoire chinois. Elle s'était emparée, le 26 octobre, de la ville de Kiulén (Kieulien-Chang), avait occupé Antong le 29, et le 31 avait pris Hô-ô-jio (Feng-Hwang-Cheng). Quant à la deuxième armée, elle avait débarqué tout entière, le 26 octobre, à Kway-en-ko, s'était emparée, le 6 novembre, de la ville de Kinchou et avait occupé le lendemain Ta-Lien-Wan. Elle se préparait à une action générale sur Port-Arthur, la forteresse ennemie la plus importante.

Le lendemain de l'ouverture de l'hôpital d'évacuation, M. Yamada, chef du service médical des étapes du sud, ordonna de séparer de notre détachement de secours de Ghio-in-to un médecin et trois infirmiers, et de les envoyer à Kuiyong-po, en qualité de personnel de secours en service à bord des navires. Conformément à cet ordre, notre délégué désigna pour cette mission le médecin Kanno et trois infirmiers. Leur départ de Ghio-in-to eut lieu le 16 novembre. *(Voir, pour les détails, le chapitre précédent, V.)*

Le 17 novembre, le médecin-major de 2e classe, M. Shibuya Hikoïchiro, nommé chef de l'hôpital d'évacuation de Ghio-in-to, arriva à son poste et M. Hayashi fut envoyé à Jinsen.

Notre deuxième détachement de secours continua son service à l'hôpital d'évacuation de Ghio-in-to jusqu'au 11 février. Ses travaux ne se bornèrent pas à ceux de l'intérieur de l'hôpital ; les médecins étaient encore chargés de se rendre à bord des navires qui venaient de Kishim-po, de Kuiyong-po, etc., et qui faisaient escale dans le port, pour visiter les malades et refaire leurs pansements. En outre, le personnel fut aussi chargé par la direction des étapes du sud, d'apprendre aux coolies qui devaient être affectés au transport des malades la manière de procéder, et deux infirmiers en chef leur donnèrent des leçons sur la manœuvre des brancards.

Voici quels furent les résultats du service de secours de Ghio-in-to : depuis le 29 octobre, date de son arrivée, jusqu'au 13 novembre, jour de l'ouverture de l'hôpital d'évacuation, c'est-à-dire pendant 15 jours, le deuxième détachement de secours n'eut à donner des soins qu'aux officiers, sous-officiers et soldats de terre et de mer, aux coolies, etc., stationnés dans cette localité ; le nombre des personnes soignées s'éleva à 218, dont la majorité était des coolies, des ouvriers et des hommes de peine. Ensuite, depuis l'ouverture de l'hôpital jusqu'à la fin du service de notre personnel, c'est-à-dire durant 29 jours, le nombre des malades soignés fut de 371. Comme total général, nous trouvons donc 44 jours pour la durée du service et 652 pour le nombre des malades, dont 5 officiers, 19 sous-officiers, 45 soldats et 583 coolies.

Le 11 décembre, notre détachement de secours à Ghio-in-to reçut du directeur des étapes la notification qu'il était désormais exclusivement attaché à la deuxième armée d'expédition et que, le lendemain, il devait s'embarquer à bord de l'un des navires affrétés par l'État et se rendre à Rinjuton (Ta-Lien-Wan). Deux des infirmiers, auparavant détachés et envoyés à Kuiyong-po, étaient rentrés depuis quelques jours à Ghio-in-to. Le 12 décembre, notre personnel, comptant 38 personnes, quitta Ghio-in-to, à destination de Ta-Lien-Wan, à bord du transport *Tatiyama-Maru*.

Reprenant les faits d'un peu plus haut, nous voyons, le 22 novembre, notre deuxième armée d'expédition occuper Port-Arthur ; et comme, dès le 19 de ce même mois, un détachement de la première armée d'expédition avait pris Shougan, la presqu'île de Kinchou se trouvait ainsi entièrement entre nos mains. De là, le besoin très pressant d'un service de secours dans ces contrées. Deux raisons motivèrent l'adjonction exclusive de notre personnel de secours à la deuxième armée et son envoi à Kinchou : c'était, d'une part, que les malades admis dans l'hôpital d'évacuation de

Ghio-in-to n'avaient heureusement pas été aussi nombreux qu'on l'avait supposé à l'avance, et que, d'autre part, l'arrivée d'un personnel du service médical militaire avait renforcé notre détachement et allégé son travail.

II. — SERVICE DE SECOURS A KUIYONG-PO.

Le 14 novembre, notre personnel de secours à Ghio-in-to reçut de M. Harada, chef d'état-major de la direction des étapes du sud, l'ordre verbal d'expédier, à Kuiyong-po, un médecin et un certain nombre d'infirmiers munis de matériel de santé, pour escorter des malades. Une escouade, spécialement organisée par notre Société pour le service à bord et composée d'un médecin, le Dr Suto, et de trois infirmiers, venait d'arriver à Ghio-in-to. Si, malgré la présence de ces quatre personnes, l'ordre susdit fut donné au personnel de secours chargé du service sur terre, c'est que le service de secours à bord, à Kuiyong-po, n'aurait pu être accompli par cette escouade, vu le nombre considérable de passagers, huit cents environ, qui étaient sur chaque navire. Notre délégué désigna immédiatement le médecin, M. Kanno Youzaburo, et trois infirmiers, pour être envoyés à Kuiyong-po, comme personnel de secours à bord, et prévint M. Yamada Kô, chef du service médical de la direction des étapes du sud. Le lendemain, 15 novembre, le directeur des étapes du sud adressa à notre personnel de secours la feuille de route suivante :

FEUILLE DE ROUTE DONNÉE AU PERSONNEL QUI DOIT SE RENDRE
A KUIYONG-PO.

Les deux escouades du personnel de votre Société, l'une composée de M. Kanno et de trois infirmiers et l'autre de M. Suto et de trois infirmiers également, s'embarqueront demain sur le *Jinsen-Maru* pour se rendre à Kuiyong-po, où elles donneront des soins aux malades, sous les ordres du lieutenant-colonel Nagaoka, officier d'état-major de la première armée, qu'elles préviendront de leur arrivée.

Général de brigade FUKUHARA HOKO,
Directeur des étapes du sud.

Le 15 novembre de la 27e année de Meiji.

Conformément à cet ordre, les deux escouades s'embarquèrent le jour même à bord du *Jinsen-Maru*, qui partit le lendemain, 16 novembre, de Ghio-in-to et arriva, le 17, à Kuiyong-po. Elles s'adressèrent, pour recevoir des instructions, au général de brigade Enya, directeur des étapes de la première armée d'expédition, à l'officier d'état-major Nagaoka et à l'aide-de-camp Yamagata. M. Nagaoka donna à Kanno et aux trois infirmiers, envoyés à Ghio-in-to, l'ordre suivant :

A partir d'aujourd'hui, vous êtes attachés au service de terre, sous les ordres de M. Kuwabara, médecin militaire.

Baigné par la mer au S.-E. et fermé par des montagnes au N.-O., Kuiyong-po est la clef du chemin qui conduit à Riusën par la voie de Kisan : la distance par terre est de cinq lieues. C'est un petit village de 30 et quelques maisons. A un kilomètre au N.-O. se trouve un autre village nommé Seito, où ont pris position nos troupes de garde. Dans la baie de Kuiyong-po, la mer est peu profonde ; la différence de niveau entre la haute et la basse mer est très considérable. Les grands navires sont obligés de rester à la grande distance de six milles de la côte, et les communications avec eux ne peuvent avoir lieu que deux fois par jour au moment de la haute marée, au moyen de chaloupes à vapeur ou de barques coréennes, le voyage d'aller et retour exigeant deux heures. Les quatre membres de notre personnel de secours, conjointement avec le médecin militaire Kuwabara, se mirent à soigner les malades entassés à Kuiyong-po, et furent chargés de leur évacuation. C'étaient eux qui remettaient au bateau-hôpital, ancré sur rade, ou au personnel de secours à bord des transports, les malades désignés pour être renvoyés. Le 19 novembre, fut créé, dans le commandement de Kuiyong-po, un bureau spécial des malades, où notre personnel, outre ses attributions, reçut l'ordre de rendre service comme attaché au commandement et fut, comme tel, chargé de donner des soins aux militaires, aux employés militaires et aux coolies relevant du commandement.

Notre personnel de secours resta attaché à Kuiyong-po du 17 novembre au 17 décembre, c'est-à-dire durant un mois. Pendant cet intervalle, il se consacra, avec le médecin militaire M. Kuwabara, au renvoi des malades au Japon. Voici le relevé de ses travaux. Du 18 au 21 novembre, 335 malades furent embarqués en quatre fois à bord du *Fushiki-Maru*. Le convoi du 18 se composait de 141 malades, dont 131 malades sérieusement atteints ; celui du 19, de 48, dont 13 blessés par armes à feu, 24 sérieusement atteints ; celui du 21, de 42, dont 38 sérieusement atteints ; celui du 23, de 104, dont 41 sérieusement atteints. Tous ces malades furent reçus et installés à bord du *Fushiki-Maru*, par les soins de M. Suto qui, avec ses trois infirmiers, les escorta jusqu'au Japon. Puis le 25 et le 26 novembre, 169 malades furent embarqués sur le *Hokushin-Maru* ; M. Shimamura, médecin militaire de 3ᵉ classe, fut chargé de les y recevoir et de les escorter. Le 1ᵉʳ décembre, 46 malades (dont 16 gravement), embarqués sur le *Guënyo-Maru*, furent envoyés à Ghio-in-to, escortés par notre infirmier Suzuki ; le 5 décembre, 90 malades (dont 32 gravement) furent également envoyés à Ghio-in-to, à bord du *Kisogawa-Maru*, escortés par notre infirmier Esaka. Le 7 et le 9 décembre, 123 malades (dont 91 gravement) et, le 13 et le 15 décembre, 255 malades furent dirigés sur Ghio-in-to, à bord du *Ajikawa-Maru* ; les seconds, à bord du *Tagonooura-Maru*, escortés par notre infirmier Shimidzu. Le nombre total des malades ainsi évacués s'éleva à 1.018. Notre personnel de secours, avec le concours du médecin militaire Kuwabara, était spécialement chargé de leur embarquement à bord des navires. Ceux qui étaient incapables de marcher étaient transportés jusqu'aux chaloupes à vapeur ou aux barques coréennes ; quant aux autres, ils allaient à pied. Le 16 décembre, la température changea subitement. Le thermomètre centigrade marquait 13ᵉ au-dessous de zéro et la mer gela jusqu'à la distance de six milles. En conséquence, par ordre de M. Koïké, chef du service médical des étapes de la première armée, les malades qui se trouvaient à Kuiyong-po furent transportés à Riusën et le service d'évacuation fut suspendu.

Le nombre des militaires, employés militaires, coolies, etc., relevant du commandant d'étape du Kuiyong-po, soignés par le personnel de secours de notre Société avec M. Kuwabara, fut de 1.500. Les personnes de passage et les Coréens que l'on soigna sur leur demande furent également très nombreux.

Le 18 décembre, le général de brigade Fukuhara, directeur des étapes du sud, adressa le télégramme suivant au commandant à Kuiyong-po :

Le personnel de secours de la Société de la Croix-Rouge à Kuiyong-po est invité à se rendre à Ta-Lien-Wan pour y être attaché à la 2ᵉ armée.

Dès lors, notre service à Kuiyong-po prit fin. Déjà, avant cette époque, nos trois infirmiers du détachement de Kuiyong-po, qui étaient partis pour Ghio-in-to escorter des malades, avaient rejoint le personnel de secours qui se trouvait en cet endroit et se dirigèrent avec lui sur Ta-Lien-Wan. Il ne restait donc plus à Kuiyong-po que le Dʳ Kanno qui, relevé de service, partit le jour même pour son nouveau poste. La mer étant fermée par les glaces, il prit la voie de terre et dut faire un détour de 60 lieues pour arriver à Chinnampo, où il s'embarqua sur le *Hotani-Maru*. De là, il descendit le Taidong et atteignit Ghio-in-to. Après avoir rendu compte au général Fukuhara du service effectué à Kuiyong-po, il partit de Ghio-in-to, à bord du *Hiyogo-Maru*. Le 31 décembre, il arriva à Riujuton, Ta-Lien-Wan, et se présenta au logement du personnel de secours de la Société de la Croix-Rouge du Japon, situé dans l'annexe Nº 1 de l'hôpital d'évacuation. Il se joignit au 3ᵉ détachement du personnel de secours envoyé à l'étranger.

III. — SERVICE DE SECOURS À RIUJUTON.

Le 11 novembre, notre délégué à Ghio-in-to reçut de M. Yamada, chef du service médical des étapes du sud, communication de l'ordre par lequel le directeur, M. Fukuhara, attachait notre personnel de secours à la deuxième armée. Cet officier lui donna en même temps connaissance des instructions télégraphiques adressées à la direction des étapes par le directeur général du service de santé en campagne et par M. Kawakami, directeur général des étapes. Notre personnel, composé de 38 personnes (à ce moment le D' Kanno et l'infirmier Shimidzu étaient encore à Kuiyong-po, de sorte que sur les 40 personnes formant le détachement, il en manquait deux), partit de Ghio-in-to, le 12 du même mois, à bord du *Tateyama-Maru*, employé au service des autorités militaires, et arriva le 13 à Ta-Lien-Wan. Débarqué le 14, notre délégué avisa aussitôt la Direction, ainsi que le service médical des étapes de la deuxième armée, à Riujuton. Pour logement, on lui assigna les bâtiments faisant partie d'une des trois casernes chinoises occupées par nos troupes, dans lesquels se trouvait une annexe de l'hôpital d'évacuation. L'hôpital était dirigé par M. Kowda Nobuchika, médecin-major de 2e classe qui fut plus tard remplacé par M. Hayaschi, médecin militaire de 1re classe.

Le 15, M. Mori, chef du service médical des étapes de la deuxième armée, annonça que, dans les bâtiments mis à la disposition de notre groupe, serait ouvert un hôpital sous le nom d'annexe Nº 1 de l'hôpital d'évacuation de Riujuton. Le chef de l'hôpital, M. Kowda, notifia aussitôt à notre personnel qu'il allait sans retard lui envoyer des malades. On se mit donc à nettoyer et à aménager convenablement le local. Comme les planchers touchaient de trop près le sol, ce qui ne convenait pas à des salles de malades ni à des dortoirs, le commandant de l'étape, à qui on en fit la demande, fournit 100 kwan de paille qui furent étendues par terre et recouvertes de couvertures de laine. En quelques heures, l'hôpital se trouva tant bien que mal installé. Ouvert le 16, il reçut aussitôt des malades. A l'entrée fut placée pour enseigne : *Annexe Nº 1 de l'hôpital d'évacuation de Riujuton, desservi par le personnel de secours de la Société japonaise de la*

Croix-Rouge. Sur les bâtiments, flottaient le drapeau national et le pavillon de la Croix-Rouge. Notre personnel de secours fut exclusivement chargé de tout le service de cette annexe. Riujuton était encombré de malades venus de Kinchou et autres localités : les médecins militaires attachés à l'hôpital d'évacuation ne suffisaient pas à la besogne. Aussi profita-t-on de l'arrivée de notre personnel pour lui confier aussitôt des malades. Le jour même de l'ouverture, l'annexe admit 44 malades, et les jours suivants, il en arriva autant.

Un fait à noter : notre personnel fut chargé de donner des soins aux prisonniers chinois. Le 18 février, le délégué général, le médecin en chef et un infirmier se rendirent avec M. Yoshida, médecin militaire, aux forts du centre et de l'ouest sur le mont Osho. Après avoir examiné les prisonniers malades qui y étaient internés, ils en prirent 26 qu'ils admirent dans leur hôpital. Dans l'endroit où ils se trouvaient internés, ces prisonniers étaient à l'étroit, mélangés aux hommes valides et enduraient de grandes souffrances. Dès leur admission dans notre annexe, on leur remplaça par des neufs leurs vêtements affreusement sales, et ils n'eurent à manquer de rien en fait de vivres, de médicaments, de literie, etc. Aussi en furent-ils tous extrêmement touchés ; un chef de patrouille chinois, entre autres, fut ému au point de fondre en larmes. Beaucoup de Chinois ont pu être ainsi impressionnés par les sentiments nobles et généreux de l'armée japonaise et par les principes d'humanité de la Croix-Rouge.

Le 26 décembre, l'infirmier Shimidzu, envoyé précédemment à Kuiyong-po, vint rejoindre notre personnel après l'achèvement de sa mission. Il fut suivi, cinq jours après, par le Dr Kanno. Notre détachement à Riujuton se trouva ainsi au complet. Le même jour, le Dr Mori Rintaro, chef du service médical des étapes de la deuxième armée, adressa à notre délégué l'ordre suivant :

Nous avons décidé d'attacher, dans quelques jours, la moitié de votre personnel à l'hôpital d'évacuation de Kinchou. En conséquence, vous êtes prié de faire connaître dans le plus bref délai possible, au chef de notre hôpital d'évacuation, les noms des personnes que vous vous proposez d'y expédier.

Le 3 janvier, notre délégué présenta la liste demandée au chef de l'hôpital d'évacuation qui, le 15, donna l'ordre de partir et montra en même temps les instructions que lui avait adressées, à cet effet, le chef du service médical des étapes de la deuxième armée.

Vous êtes prié d'envoyer à l'hôpital d'évacuation de Kinchou la moitié du personnel de secours de la Société de la Croix-Rouge du Japon attaché à votre hôpital.

Mori Bintaro,

Chef du service médical des étapes de la 2ᵉ armée.
Le 15 janvier de la 28ᵉ année de Meiji.

Le détachement, composé de M. Ogata, délégué provisoire, et de 15 autres personnes, partit de Riujuton pour Kinchou, le 18 janvier. Dès lors, le deuxième détachement de secours envoyé à l'étranger se trouva partagé en deux groupes. Nous reviendrons, dans un autre chapitre, sur les travaux du groupe détaché à Kinchou.

A la suite du départ de la moitié de ses membres pour Kinchou, le personnel resté à Riujuton se trouva dans l'impossibilité de suffire seul au service de l'Annexe N° 1, et il se vit dans l'obligation de rendre aux médecins de l'armée trois de ses quatorze salles de malades.

Le 1ᵉʳ février de la 28ᵉ année de Meiji (1895), l'hôpital d'évacuation de Riujuton fut transféré dans les bâtiments de l'annexe qui nous était confiée et qui cessa de porter le titre d'Annexe N° 1. Les salles de malades furent divisées en trois sections et notre personnel fut chargé d'une partie de la deuxième.

Le 8 février, la direction des étapes du sud fut transférée de Ghio-in-to à Riujuton et désignée sous le nom de Direction des étapes de la presqu'île de Kinchou.

Le 28 février, notre personnel, résidant à Riujuton, reçut l'ordre de cesser son service à l'hôpital et de se préparer à partir. Ce changement de poste était motivé par une décision prise d'attribuer à la direction des étapes de la presqu'île de Kinchou l'hôpital d'évacuation de Riujuton, relevant de la deuxième armée. Notre personnel remit immédiatement ses malades au service médical militaire. Mais, comme au 1er mars, aucune décision n'avait encore été prise au sujet de sa nouvelle destination et que son séjour devait ainsi se trouver prolongé de quelques jours, il n'en continua pas moins à soigner les malades qu'il avait déjà rendus.

Enfin, le 5 mars, arriva l'ordre donné par M. Mori, chef du service médical des étapes de la deuxième armée, et par lequel notre personnel à Riujuton était attaché à l'hôpital d'évacuation de Port-Arthur. Le départ eut lieu le lendemain, 6 mars, date à laquelle prirent fin ses travaux à Riujuton.

Le séjour de notre personnel de secours à Riujuton avait donc duré 80 jours, depuis le 16 décembre de la 27e année (1894). Au début, pendant 34 jours, il fut chargé seul de l'Annexe N° 1. Depuis le 18 janvier de la 28e année (1895), c'est-à-dire depuis le départ d'une partie de ses membres pour Kinchou, jusqu'au 31 du même mois, il partagea le service de cette annexe avec les médecins militaires. Enfin, après la transformation de l'annexe en hôpital d'évacuation, c'est-à-dire depuis le 1er février, le personnel continua à rester à l'œuvre conjointement avec les médecins militaires, pendant 33 jours, c'est-à-dire jusqu'au 5 mars.

Le nombre de personnes soignées par notre personnel à Riujuton fut de 1.399, dont la classification se décompose ainsi :

Officiers	7
Sous-officiers	34
Soldats	392
Coolies	917
Inconnus	12
Chinois	2
Prisonniers	35
Total	1.399

IV. — SERVICE DE SECOURS A PORT-ARTHUR.

A la suite de l'ordre donné, le 5 mars, par M. Mori, chef du service médical des étapes de la deuxième armée, notre personnel de secours devant, de l'hôpital de Riujuton, passer à celui de Port-Arthur, était parti de cette première ville, à bord du *Katsunooura-Maru* et était arrivé le même jour à destination.

Le 7 mars, notre personnel, composé de 21 personnes, fut chargé, sous la direction de M. Mayéda Masajiro, médecin-major de 2ᵉ classe, chef de l'hôpital d'évacuation de Port-Arthur, du service de l'Annexe Nº 2 de cet hôpital.

De plus, le 25 mars, un hospice de charité ayant été créé dans le ressort de l'administration de Port-Arthur pour donner des soins à la population chinoise, notre personnel de secours fut aussi prié de se charger d'une partie de ce service.

Notre personnel s'acquitta de sa mission dans ces deux hôpitaux jusqu'au 28 mai. Mais ses travaux dans chacun d'eux peuvent être considérés séparément.

A. Service de secours dans l'hôpital d'évacuation de Port-Arthur.

L'Annexe Nº 2 de l'hôpital d'évacuation de Port-Arthur était dirigée par M. Shoji, médecin de réserve du service de santé de la 6ᵉ division d'armée, lorsque, le 7 mars, notre personnel de secours s'y présenta pour se faire remettre les malades et leur donner des soins. Un mot d'explication sur cette annexe est nécessaire. Avant l'arrivée de notre personnel, une sorte d'épidémie de catarrhe intestinal aigu (genre choléra) avait frappé un grand nombre de personnes et menaçait de se répandre dans cette localité. Il avait fallu appliquer les moyens sanitaires prescrits contre les maladies contagieuses, à savoir : la désinfection, la séparation, l'éloignement, etc. En conséquence, on avait ouvert les Annexes Nᵒˢ 1 et 2, où les malades avaient été transférés et confiés aux soins des médecins de réserve de la 6e division d'armée. Mais on souffrait de la pénurie du personnel de secours. C'est à ce moment que notre personnel était arrivé.

Dès le jour même où il se chargea de l'Annexe N° 2, l'autre fut fermée, et cette Annexe N° 2 fut considérée comme un hôpital spécial pour les maladies contagieuses, de sorte que tous les malades atteints de ces sortes d'affections furent confiés aux soins de notre personnel.

L'hôpital d'évacuation de Port-Arthur était installé dans l'ancien hôpital de Petchili (hôpital de l'escadre du nord, fondé par Li-Hung-Chang), et l'Annexe N° 2 en était distante de plus de 10 cho (1.200 mètres) et située dans une plaine, au pied ouest du mont Hakuguioku. Elle avait été établie dans un ancien magasin de produits pharmaceutiques chinois, composé de trois corps de bâtiments parallèles, construits en pierres, mais dénués de planchers. On avait répandu de la paille sur le sol bétonné, de façon à former des espèces de lits. Cette manière de préparer l'aire des habitations étant générale dans la Chine septentrionale, il n'y avait pas moyen de faire autrement au milieu de l'agitation de la guerre. C'est aussi dans des salles mal aménagées que l'on avait installé les malades atteints d'affections contagieuses et qu'on leur donnait des soins. Il est difficile de décrire les souffrances qu'enduraient ces malheureux et les fatigues de notre personnel de secours.

Au moment où notre personnel prit charge de l'Annexe N° 2, le nombre des malades qui y étaient internés dépassait déjà le chiffre de 100. Les bruits des vomissements, les cris de douleur, de délire, les gémissements remplissaient les salles tout comme s'il se fût agi de salles de cholériques. Mais, grâce aux soins assidus de notre personnel, ces affections, qui présentaient des symptômes identiques à ceux du choléra, disparurent presque complètement, après une dizaine de jours de traitement, c'est-à-dire vers le 20 mars. Cette Annexe fut même fermée le 25 mars. A ce moment, notre personnel fut partagé en deux groupes, dont l'un, composé d'un médecin, d'un sergent-major infirmier et de dix infirmiers, devait aller prendre logement dans l'hôpital d'évacuation et être chargé de la moitié des malades qui s'y trouvaient ; l'autre fut confié à l'hospice de charité du ressort de l'administration et devait recevoir et soigner une partie des coolies malades de l'hôpital d'évacuation. Le médecin chargé du service dans l'hôpital d'évacuation était le docteur Akiyama, qui vint s'y installer avec un infirmier en chef et 10 infirmiers ; dès le 27 mars, ce groupe commença son service, sous la direction de M. Mayéda, chef de l'hôpital d'évacuation.

B. *Service dans l'hospice de charité du ressort de l'administration civile.*

Quelques jours avant la date où notre personnel de secours devait terminer son service dans l'Annexe N° 2 de l'hôpital d'évacuation, M. Mayéda, qui en était le chef, lui avait donné l'avis qu'immédiatement après, il serait chargé de l'hospice de charité qui allait s'ouvrir dans la même localité et, en même temps, de donner des soins à la moitié des malades de l'hôpital d'évacuation. A ce propos, l'arrangement suivant intervint entre notre personnel de secours et le chef de l'hôpital :

Le personnel de secours de la Croix-Rouge aura son principal siège dans l'hospice de charité qui doit s'ouvrir prochainement et y donnera des soins aux malades chinois ; il admettra également dans ce même hospice et y soignera une partie des coolies malades de l'hôpital d'évacuation.

D'un autre côté, un médecin, un infirmier en chef et dix infirmiers seront logés dans l'hôpital d'évacuation et seront chargés de la moitié des malades de cet hôpital.

Le projet de création de cet hospice de charité venait de M. Tei Eisho, administrateur civil du commandement d'étape de Port-Arthur, qui en avait présenté la proposition au général de brigade Ibaraki, gouverneur général de Kinchou, afin de faire jouir la population pacifique des bienfaits de l'Empire du Japon. Cette proposition avait été agréée et il avait été décidé que le personnel de secours de la Société japonaise de la Croix-Rouge serait chargé de ce service, sous la dépendance de l'hôpital d'évacuation et sous le contrôle du chef de cet hôpital.

Le 25 mars, notre personnel ouvrit l'hospice, auquel fut donné le nom d'*Hospice de charité relevant de l'hôpital d'évacuation de Port-Arthur*. Le docteur Kanéko Gakusaburo fut désigné pour être le médecin principal, et quand son ouverture fut déclarée au commandant d'étape et à l'administration civile, l'hospice commença à recevoir des malades.

Le local affecté à l'hospice était fixé à l'extrémité nord de la rue Tôshinkaï, de la ville de Port-Arthur, et avait servi, sous le nom de Guensei-Shôyen, de magasin pour la fabrication et la vente du shoyu, du miso et du vinaigre. C'était la construction la plus belle et la plus solide du quartier. Composé de trois corps de bâtiments parallèles, à l'européenne, avec accessoires et cour, l'ensemble pouvait convenir pour un hôpital. Dès que notre personnel eut été chargé de cet hospice, il prépara, en langue chinoise, après entente avec l'administrateur civil, M. Tei Eisho, le règlement de l'hospice de charité et le fit afficher simultanément, avec l'avis de l'administration civile, dans les salles des malades ainsi qu'à l'intérieur et à l'extérieur de la ville de Port-Arthur. De plus, il engagea, en qualité d'interprète, un Chinois nommé Kinseiki, maire du village Dojôshi, commis de l'administration civile. Le personnel chargé de l'hospice avait pour principales attributions de donner des soins aux Chinois et de porter secours aux coolies malades de l'hôpital d'évacuation qui seraient envoyés à l'hospice. Le médecin principal, le docteur Kanéko Gakusaburo, fut chargé de plusieurs autres travaux. Ainsi, à la demande de l'hôpital d'évacuation, il se livra à l'étude d'une épidémie qui sévissait dans huit villages situés à deux lieues de Port-Arthur, derrière le mont Daïfukuzan; ce rapport devait être présenté à l'administration civile. Celle-ci, de son côté, le chargea du recensement de

la population et de la descente sur les lieux pour les homi-
cides commis dans son ressort. De cette façon, il seconda et
l'hôpital d'évacuation et l'administration civile.

L'hospice de charité fonctionna jusqu'au rétablissement
de la paix. Notre personnel ne mit fin à son œuvre à Port-
Arthur que lorsqu'il eut été autorisé, le 27 mars 1895, par
M. Mayeda, chef de l'hôpital, à rentrer au Japon. Il remit
alors à l'hôpital d'évacuation tous les services dont il était
chargé, tant à l'hôpital d'évacuation qu'à l'hospice de charité, services qui avaient commencé le 7 mars et dont la durée fut ainsi de plus de 80 jours, pendant lequel temps le
total des malades soignés par lui dans l'hôpital et dans l'hospice s'élevèrent à 1.400 :

Officiers	6
Sous-officiers	41
Soldats	531
Coolies	539
Malades divers	53
Chinois	230
Total	1.400

V. — Service de secours a Kinchou.

Le 15 janvier, M. Mori Rintaro, chef du service médical
de la deuxième armée d'expédition, donna à notre personnel,
résidant à l'hôpital d'évacuation de Riujuton, l'ordre de
transférer à Kinchou la moitié de ses membres. M. Ogata
Isei, délégué provisoire, les docteurs Kanno Youzaburo et
Karasutani Taméhidé, le pharmacien Ichimura Tetsugwaï,
le commis-interprète Kosone Tetsukuma, un chef-infirmier
et dix infirmiers furent désignés pour composer le détachement. Celui-ci, au nombre de 16, partit de Riujuton le 18
janvier et débarqua, le même jour, à Kinchou ; il annonça son
arrivée au chef de l'hôpital d'évacuation de cette ville et prit
son logement dans l'enceinte même de cet hôpital.

Le délégué provisoire, Ogata Isei, après avoir rendu visite
successivement à MM. Toki, chef du service de santé de la

deuxième armée, Haraki, gouverneur général de Kinchou, Tateyama, chef de l'hôpital d'évacuation, Mitsuhashi, secrétaire de l'administration civile, attendit leurs ordres pour se mettre à l'œuvre. Le 19 janvier, le docteur Karasutani fut attaché à l'hospice de charité de Kinchou, et, le 25 du même mois, le pharmacien Ichimura, au bureau de la pharmacie du même hospice. Enfin, le 21, notre personnel reçut l'ordre de se charger de cinq salles de malades situées dans l'enceinte de l'hôpital d'évacuation, avec le Dr Kanno comme médecin principal. Ainsi notre personnel fut appelé à servir en deux endroits différents : à l'hôpital d'évacuation et à l'hospice de charité. Toutefois, les membres furent expressément autorisés à se prêter mutuelle assistance en cas de nécessité : c'est ainsi que les médecins, dans l'exercice de leurs fonctions, se remplaçaient fréquemment les uns les autres.

A.) Service de l'hospice de charité de Kinchou.

Lorsque l'armée japonaise occupa la presqu'île de Kinchou, elle y établit une administration civile, qu'elle chargea de l'administration en temps de guerre et de la protection de la population pacifique. M. Ariga, membre du conseil extraordinaire de la Société et conseiller-légiste de l'état-major de la 2e armée, présenta une proposition tendant à créer un hospice de charité pour y donner des soins aux Chinois malades et faire jouir la population pacifique de nos bienfaits. Le consul de 1re classe, M. Arakawa, administrateur civil de la ville de Kinchou, partagea la même manière de voir. De son côté, M. Kikuchi, chef du service médical de la 1re division d'armée, appuya cette opinion en se plaçant au point de vue de la nécessité du service de santé du territoire occupé. En conséquence, la création d'un hospice de charité à Kinchou fut décidée. Le lendemain de l'arrivée de notre détachement, c'est-à-dire le 19 janvier, par ordre du chef de l'hôpital d'évacuation, il fut chargé du service médical de l'hospice. Le 20, le gouverneur de Kinchou, Ibaraki

Koreaki, porta à la connaissance du public la création de l'hospice, par la publication de l'avis suivant :

Pour étendre nos bienfaits à la population pacifique de l'intérieur de la ville de Kinchou et de ses environs, un hospice relevant de l'administration civile est créé et commencera à fonctionner d'après le règlement suivant, à partir du 21 janvier.

Ibaraki Koreaki,
Gouverneur général de Kinchou.

Le 20 janvier de la 28ᵉ année de Meiji.

Règlement de l'hospice de charité de la ville de Kinchou.

Article 1ᵉʳ. — Ceux qui désirent le traitement gratuit devront en demander préalablement l'autorisation au gouvernement de Kinchou.

Art. 2. — La consultation aura lieu tous les jours, de 10 heures du matin à 3 heures de l'après-midi, sauf en cas de maladies aiguës.

Art. 3. — Lorsque le médecin juge nécessaire l'entrée du malade dans l'hospice pour y subir le traitement, une nouvelle demande doit être adressée au gouvernement de Kinchou, après le choix d'une caution.

Art. 4. — Les médicaments, la nourriture et les lits seront fournis par l'hospice. Ils seront les mêmes que ceux fournis aux sujets de l'Empire du Japon. Ceux qui désirent apporter des lits de chez eux devront être préalablement autorisés par les médecins.

Art. 5. — Les chambres des hommes malades seront séparées de celles des femmes.

Art. 6. — Ceux des parents du malade qui désireraient soigner le malade à son chevet devront être autorisés, à cet effet, par le directeur de l'hospice.

Art. 7. — Pour quitter l'hospice, il faudra se conformer aux prescriptions du directeur. Il n'est pas permis de se retirer sans autorisation.

Art. 8. — Les médecins de l'hospice pourront visiter quelquefois les maisons des malades pour l'observation des conditions hygiéniques, l'étude des maladies locales, etc.

Art. 9. — Pour tout ce qui ne fait pas l'objet de ce règlement, les statuts affichés dans l'hospice seront appliqués.

C'est le 21 janvier que l'hospice fut ouvert. Le service médical fut confié au docteur Karasutani, au pharmacien Ichimura et à trois infirmiers, sous le contrôle de M. Onishi, médecin militaire de 1ʳᵉ classe, attaché à l'hôpital d'évacuation de Kinchou. L'établissement fut nommé : *Hospice de charité de la ville de Kinchou*. Les règlements intérieurs de l'hospice rédigés en langue chinoise furent affichés pour les faire connaître au public. En voici le texte :

Art. 1er. — Les malades devront, en tout, se conformer aux ordres des médecins et du personnel administratif, sans se permettre aucun acte arbitraire.

Art. 2. — Les malades qui sont en traitement à l'hospice ne pourront ni sortir, ni boire, ni manger, sans autorisation des médecins.

Art. 3. — Au moment de la consultation, les malades devront expliquer avec la plus grande précision l'état dans lequel ils se trouvent, afin d'éclairer les médecins.

Art. 4. — Les personnes désirant visiter les malades de l'hospice devront y être autorisées par les médecins. Quelquefois, suivant l'état du malade, cette autorisation pourra être refusée.

Dès le jour même de l'ouverture de l'hospice, plusieurs personnes, tant de l'intérieur que de l'extérieur de la ville, vinrent à la consultation. Les jours suivants, les malades se présentèrent à l'hospice en plus grand nombre, et l'on en compta même jusqu'à vingt ou trente par jour. L'heureuse influence que cet établissement exerça sur la population était incontestable.

L'hospice fonctionna du 21 janvier, jour de son ouverture, jusqu'au 4 juin. Durant cet intervalle, le pharmacien Ichimura, à la demande de l'hôpital d'évacuation, analysa l'eau de plus de 30 puits de la ville. La vaccination fut aussi pratiquée, du 16 au 29 mai, sur 205 habitants non encore vaccinés. Le Dr Karasutani fut envoyé, le 13 avril, à l'hôpital d'évacuation et remplacé par le Dr Kanno qui y resta jusqu'au 4 juin. Seul, le pharmacien Ichimura ne cessa de rester attaché à l'hospice.

B.) *Service de l'hôpital d'évacuation.*

Notre Dr Kanno, envoyé à Kinchou et devenu chef de l'hôpital d'évacuation de cette ville, fut chargé, dès le 21 janvier de la 28e année de Meiji, de soigner simultanément les malades de la 2e section du même hôpital. Il répartit l'infirmier

en chef et les sept infirmiers entre les différentes salles et
commença l'œuvre de notre Société. Le 13 février, l'hôpital
temporaire de la division de l'armée ayant été supprimé, les
malades qui y étaient soignés furent également déversés à
l'hôpital d'évacuation et c'est à notre personnel que le soin
de ces malades fut confié. Le service à l'hôpital d'évacuation
se fit du 21 janvier au 4 juin, c'est-à-dire pendant 135 jours.
Dans cet intervalle, le Dr Kanno était passé, le 13 avril, à
l'hospice de charité et avait été remplacé par le Dr Karasutani.

C'est le 28 mai que notre personnel à Kinchou reçut de la
Direction des étapes l'autorisation de regagner la patrie et
de profiter du départ du premier bateau. En conséquence, le
1er juin, le chef de l'hôpital d'évacuation de Kinchou nous
avait invité à lui remettre les salles dont nous étions chargés
à l'hôpital d'évacuation ainsi que l'hospice de charité qui
relevait de l'administration civile, et à faire nos préparatifs
de départ ; mais il nous avait en même temps recommandé
de rester en fonction jusqu'à la veille du départ. Nous res-
tâmes donc jusqu'au 4 juin, jour où nous fûmes informés par
le commandement d'étape de Riujuton du départ prochain
d'un bateau et invités à nous rendre le lendemain à Riujuton ;
nous cessâmes alors définitivement le service de l'hôpital
ainsi que celui de l'hospice. Les malades soignés par notre
personnel furent au nombre de 2.595, hôpital et hospice tout
ensemble. Ils peuvent être classés comme suit :

Officiers	15
Sous-officiers	43
Soldats	668
Coolies	1.208
Hommes ordinaires (civils).	69
Chinois	592
TOTAL. . . .	2.595

CHAPITRE VII.

Travaux du troisième détachement de secours
envoyé en Chine.

Le 17 décembre de la 27ᵉ année de Meiji (1894), le chef du
service des Bienfaits transmit à notre Société l'ordre du
directeur général du service de santé en campagne, dont
voici la teneur :

Le directeur général du service de santé en campagne venant
d'ordonner le renforcement du personnel de secours de votre Société
dans le service des étapes de la première armée, vous êtes prié de
vouloir bien y expédier le personnel suivant :

Cinq médecins, deux pharmaciens, un surveillant d'infirmiers
faisant également fonction de commis et trente infirmiers.

Il n'aura toutefois à emporter aucun effet d'habillement ni de literie, ni aucun matériel de santé ; il devra seulement se munir des
vêtements nécessaires pour se préserver du froid.

Okuba Heizo,

Chef du service des Bienfaits.

Le 17 décembre de la 27ᵉ année de Meiji.

Notre Société choisit pour médecins Suto Tadamatsu,
Fujii Kaneichi, Kitamura Jounzo, Tsumiyama Seikichi,
Wada Skôkun ; pour pharmaciens Matsuyama Goichiro,
Suguino Seitaro ; pour chef-infirmier-commis-trésorier Yoshiyasu Nobutaro, auxquels furent adjoints trois sergents-
infirmiers et 27 infirmiers. Ils partirent de Tokio, le 25
décembre, à destination de leur poste.

A cette époque, une portion de la première armée d'expédition, s'avançant par Hô-ô-jio (Feng-Hwang-Cheng), se
dirigeait vers Liao-Yong et déjà son avant-garde était près
de Maténrei, et l'autre portion, s'avançant dans la direction

de New-Chwang, avait pris Takubokujio le 12 décembre et Haiching le 13. Après la bataille sanglante de Kogasaï, qui avait eu lieu le 19, les troupes ennemies s'étaient toutes retirées à New-Chwang et Yngkow. Quant à la deuxième armée d'expédition, elle venait de s'emparer de Port-Arthur, de chasser les ennemis de la ville de Kinchou, de Foochou, de Kaiping, et d'occuper toute la partie méridionale de la presqu'île de Kinchou.

A ce moment, le premier détachement de notre personnel de secours s'était divisé en deux groupes, dont l'un servait à Ping-yang et l'autre à Riusën (Yong-Chon) ; quant au deuxième détachement, après avoir achevé ses services à Ghio-in-to, il s'était peu à peu avancé jusqu'à Riujuton, sur la presqu'île de Kinchou, et s'y trouvait alors.

Le troisième détachement, composé de 38 membres, arriva le 27 décembre à Hiroshima où il séjourna neuf jours. Ayant reçu du directeur général du service de santé en campagne, M. Ishiguro, l'ordre de se livrer à son œuvre à la suite de l'armée, il se fit délivrer, par la section des transports et des correspondances d'Ushina et par le dépôt militaire, les effets dont il avait besoin pour le temps froid. Les préparatifs d'embarquement terminés, il partit, le 5 janvier, à bord du transport militaire *Fujikawa-Maru*. Le 14, il mouilla près de l'île de Shōtō, à 10 milles de Ghio-in-to. C'est là qu'on s'était proposé de débarquer pour se rendre, par voie de terre, dans la zone des étapes de la première armée ; mais, par suite du froid excessif — la mer étant gelée jusqu'à six milles de la côte — le navire ne put pas aborder ; on fut obligé de pousser jusqu'à Ta-Lien-Wan, malgré l'ordre qu'on avait de débarquer les coolies et les bagages se trouvant à bord, à Ghio-in-to. Parti le 15 de Shōtō, le *Fujikawa-Maru* arriva, le lendemain, à Ta-Lien-Wan. Notre détachement écrivit aussitôt au délégué provisoire, Ogata Isei, pour le prier d'obtenir, du service d'étape et du service des transports de cette localité, l'autorisation de débarquer et de se rendre, par voie de terre, sur la zone des étapes de la première armée. Le même jour, M. Ogata vint à bord et dit :

Le fonctionnaire de l'étape déclare que les ressorts de la première et de la deuxième armée d'expédition sont différents l'un de l'autre ; que, dans cette localité, les habitants étant peu nombreux, il n'y a pas de place pour abriter le détachement ; d'un autre côté, les porteurs et les vivres sont trop rares pour qu'il soit possible d'escorter un groupe de 38 personnes. Par conséquent, le détachement repartira pour Jinsen où il prendra les ordres du service des transports de cette localité.

Notre détachement partit donc immédiatement de Ta-Lien-Wan, sans avoir obtenu, depuis quinze jours qu'il avait quitté Ujina, l'autorisation de débarquer. C'était le 18 janvier.

Arrivé le 20 janvier à Jinsen, il fut autorisé de suite à débarquer et à prendre logement sur la concession japonaise de cette ville, en attendant de nouveaux ordres. Le 21, le délégué général télégraphia à notre détachement de partir par voie de terre, en compagnie des membres du service de santé de l'armée qui devaient arriver à Jinsen peu après. Le 26, le service de l'étape de Jinsen envoya à notre détachement l'ordre suivant :

Partez demain, à sept heures du matin, et allez à votre but par voie de terre.

Le 27, à quatre heures trente du matin, notre détachement reçut de M. Ischiguro, directeur général du service de santé en campagne, un télégramme ainsi conçu :

Si le détachement n'est pas encore parti, qu'il se rende par mer jusqu'à Ta-Lien-Wan avec le personnel du service de santé de l'armée qui doit partir d'Ujina les 23 et 24, et, de là, il s'acheminera par voie de terre.

Le 28, le transport militaire *Sahokuni-Maru*, ayant à son bord le personnel du service médical militaire en question, mouilla dans le port. Notre détachement s'embarqua sans retard. On arriva à Ta-Lien-Wan de très grand matin, le 30. A ce moment, il faisait un froid très intense à Ta-Lien-Wan ; à midi, le thermomètre marquait 26° au-dessous de zéro. Au bout de trois jours d'attente dans le port, le 1ᵉʳ février, arriva l'autorisation de débarquer.

Notre détachement prit logement, après en avoir obtenu la permission du chef de l'hôpital d'évacuation, dans un des bâtiments de l'hôpital de notre Société, à Riujuton. A ce moment, notre deuxième détachement de secours dans cette ville ne comprenait que la moitié de son personnel, l'autre moitié s'étant avancée jusqu'à Kinchou.

Le 4 février, le troisième détachement partit de Riujuton, se rendit à Kinchou et, de là, après un voyage de quinze jours par terre, arriva à Taïkosan (Taku-Shan). Il s'était écoulé 19 jours depuis son départ de Jinsen et 42 depuis son départ d'Ujina.

Notre Société regretta infiniment que ce détachement eût dépensé tant de jours dans son voyage, précisément dans un moment où l'on avait le plus grand besoin de ses services. Mais cette situation forcée provenait de la saison froide et des difficultés de communications par terre et par mer.

Lorsque notre détachement arriva, le 15 février, à Taïkosan, le chef de l'hôpital sédentaire de campagne de cette localité, M. le médecin-major Fubuki, fut enchanté : « Tout votre personnel restera ici, dit-il, et assurera le service de secours de l'hôpital. » Mais notre détachement, qui avait reçu l'ordre de se rendre dans le ressort des étapes de la première armée, se croyait tenu d'aller jusqu'à Gishin et d'y attendre des ordres. Après un échange de correspondances télégraphiques entre M. Fubuki et le chef du service médical de la première armée, il fut décidé que tous les médecins et la moitié du personnel, au-dessous du grade de sergent-infirmier, seraient attachés à l'hôpital sédentaire de campagne de Taïkosan, tandis que l'infirmier en chef et les autres, au nombre de 17, continueraient leur chemin jusqu'à Antong, où ils attendraient des instructions. Le 17 février, ce groupe partit donc à destination d'Antong ; plus tard, ce même groupe fut transféré à Shoshin (Chkang-Nyön), en Corée ; un nouveau changement les réunit à Riusen (Yong-Chön) à l'un des groupes du premier détachement, dont il partagea les travaux. (*Voir, pour les détails, le chapitre : Travaux à Shoshïn.*)

I. — SERVICE DE SECOURS A TAÏKOSAN (TAKU-SHAN).

Par ordre du chef de l'hôpital sédentaire de campagne de Taïkosan, cinq médecins, un pharmacien, des sergents-infirmiers et des infirmiers, en tout quinze personnes, restèrent là pour prêter leur concours à l'œuvre de secours. Les rôles furent distribués de la manière suivante : un ou deux infirmiers furent placés dans chaque salle, où, sous la direction de l'infirmier en chef de l'armée, ils devaient servir, concurremment avec les infirmiers militaires. Quant aux quatre médecins, chacun d'eux fut exclusivement chargé d'une ou de deux salles, tandis que le pharmacien fut attaché au bureau pharmaceutique. On se mit à l'œuvre dès le 17 février. Le lendemain, le médecin Wada Shôkun, par ordre du chef de l'hôpital, partit de Taïkosan pour aller remplir son ministère au lieu de logement des malades de Sei-taïshi.

Lorsque notre détachement arriva à Taïkosan (le 15 février), les malades qui s'y trouvaient étaient au nombre de 692, dont 77 sous-officiers et soldats, ainsi que 288 coolies atteints de brûlures par le froid, et 5 officiers, 28 sous-officiers et 181 soldats, de blessures par armes à feu, soit comme total 579 personnes en traitement pour brûlures. Les autres souffraient de diverses affections. Depuis l'arrivée de notre détachement, le nombre des malades ne fit qu'augmenter ; et, si les cas de maladies ordinaires étaient très rares, ceux de blessures par armes à feu et brûlures par le froid étaient extrêmement nombreux ; ce qui montre que notre première armée avait une guerre pénible à faire dans cette contrée glacée et déserte.

L'hôpital sédentaire de campagne de Taïkosan avait été établi vers le 30 décembre de la 27ᵉ année (1894). A cette époque, les neiges couvraient les campagnes, les glaces fermaient la mer, interceptant complètement tout moyen d'évacuer les malades. L'hôpital était destiné à recevoir les malades venant des troupes de Shougan ou des localités plus avancées, en attendant la réouverture de la navigation, au printemps suivant. En arrivant, notre personnel trouva à l'hôpital, en face des malades fort nombreux et en plus du chef de l'hôpital, trois médecins seulement et une dizaine d'infirmiers militaires. Aussi, on peut se figurer avec quel bonheur cette arrivée fut saluée par le chef de l'hôpital. Depuis lors, les malades de l'avant-garde ou des étapes avancées, telles que Haï-Ching, Shougan, etc., furent évacués en nombre considérable sur cet hôpital de Taïkosan, dans lequel il y eut quelquefois plus de 1.000 malades entassés en même temps. Mais les efforts réunis des médecins de l'armée, de notre personnel de secours et de plus de trente infirmiers militaires qui vinrent renforcer le personnel sus-indiqué, permirent d'exécuter avec succès l'œuvre de secours.

L'hôpital sédentaire de campagne de Taïkosan se composait de huit bâtiments parallèles. A l'arrivée de notre détachement, nos quatre médecins furent chargés de cinq salles, les médecins militaires en gardèrent trois. Plus tard, lorsque les hospitalisés se furent multipliés par suite de l'arrivée des malades de Haï-Ching, Shougan, etc., l'on ajouta trois nouveaux bâtiments, ce qui porta leur nombre à onze, le 21 février. Nos quatre médecins furent alors chargés de cinq d'entre eux, et nos infirmiers, répandus dans huit bâtiments, travaillaient concurremment avec le personnel du service de santé. A partir du 20 février, le nombre de malades venant de Haï-Ching, de Shougan, etc., dépassa 100 par jour, et les hospitalisés, quoique quotidiennement évacués, se trouvaient encore à raison de 100 à 250 par salle.

Le 5 mars, eut lieu la grande bataille de New-Chwang ; le 9, nos troupes occupèrent Dênshodaï. Les blessés, dans ces deux engagements, furent aussi internés dans l'hôpital. Dès la fin de mars, les arrivées de malades venant d'autres localités commencèrent à être moins fréquentes et, du même coup, diminua aussi le nombre des hospitalisés. D'autre part, grâce à l'affluence à Taikosan du personnel de santé militaire venu du Japon et de divers côtés, le service se trouva peu à peu fort allégé.

Le 1er avril, l'évacuation par la voie de mer fut permise. Ce même jour, le médecin Fujii et quatre infirmiers, chargés d'évacuer et d'escorter 250 malades de l'hôpital, partirent à bord du *Shinano-Maru*. Le 5, le médecin Tsumiyama ainsi que trois infirmiers furent chargés d'une même mission auprès de 180 malades, à bord du *Fujikawa-Maru*. Le médecin Wada, qui était revenu à Taikosan le 2 avril, après avoir achevé sa mission à Seitaishi et avoir repris ses fonctions dans l'hôpital, partit, le 11 avril, avec six infirmiers, à bord du *Sadokuni-Maru*, escortant 355 malades de Taikosan. Par suite de ces trois départs successifs, le nombre des malades avait considérablement diminué, mais notre effectif était réduit à quatre personnes, à savoir : Sutô, Namikawa, Matsuyama et Tsuchihashi.

Le 17 avril, l'hôpital de Taikosan fut remis entre les mains du personnel du service médical de la 5e division d'armée qui avait été relevée d'Antong. En même temps, le personnel de santé de réserve de la 3e division d'armée et notre personnel de secours qui en avaient été chargés jusque là furent mis en disponibilité. Dès lors, le service de notre personnel prit complètement fin. Depuis leur arrivée à Taikosan, le 15 février, c'est-à-dire pendant un intervalle de 62 jours, les malades soignés par nos médecins furent :

Officiers	14
Sous-officiers	101
Soldats	1.437
Coolies et autres	1.251
Chinois	5
TOTAL	2.808

II. — Service de secours a Dojôshi (Tu-Ching-Tso).

Le 19 février, Namikawa Koichiro, infirmier de notre personnel, attaché à l'hôpital de Taikosan, reçut l'ordre de se rendre au lieu de séjour ou d'attente des malades de Dojôshi, et partit de Taikosan avec quatre coolies. A son arrivée à Dojôshi, il prit le service des mains de l'agent du transport des malades à Shougan et l'exerça sous la direction de M. le capitaine Fujii, commandant d'étapes de Dojôshi. Petit village situé sur le chemin qui conduit de Taikosan et de Hô-ô-jio à Shougan, Dojôshi était une place d'étape importante. Les malades évacués de Haïching et de Shougan étaient adressés par l'hôpital de santé en campagne de Shougan, soit à Dojôshi, en passant par le commandement d'étape de Korënka, soit directement à l'hôpital sédentaire de campagne de Taikosan. Namikawa Koichiro, nommé à Dojôshi, était chargé de toutes les affaires relatives au transport des malades qui séjournaient dans ce poste, principalement de leur fournir des vivres et des effets d'habillement. A cette époque, les malades évacués de l'avant-garde arrivaient chaque jour, presque tous atteints de brûlures causées par le froid ; les blessés et les autres malades ne figuraient pas pour un dixième. Comme moyen de transport, on se servait, pour les blessés malades les moins gravement atteints, de petites voitures traînées par des bœufs, dans chacune desquelles on mettait cinq malades ; les malades plus gravement atteints étaient transportés avec des brancards. On comprend aisément toutes les fatigues qu'avait à endurer notre personnel, lorsqu'on songe au mauvais état des chemins et au froid qui déchirait la peau.

Le 1er mars, les infirmiers de notre Société, attachés à l'hôpital sédentaire de campagne de Taikosan, Yamada et Kodzumi, furent transférés au poste du lieu de logement des malades de Dojôshi. L'évacuation terminée, les trois infirmiers se retirèrent à Taikosan le 26 mars, suivant l'ordre qu'ils avaient reçu de l'hôpital de cette ville.

Dans l'intervalle de 35 jours, à partir du 15 février, les malades, qui séjournèrent à ce poste ou qui en furent évacués, s'élevèrent au nombre de 1.635 qu'on peut classer comme suit :

Officiers.	4
Sous-officiers	509
Coolies et autres	1.122
Total.	1.635

III. — SERVICE DE SECOURS A SEITAISHI.

Le médecin Wada Shokun, nommé, le 16 février, pour aller établir un lieu de logement des malades à Seitaishi, partit le 18 de Taikosan. Le 19, le poste était fondé et il était chargé du service médical. Cette localité était un lieu d'étape situé sur le chemin de Taikosan à Ta-Lien-Wan. L'établissement d'un lieu de logement à cet endroit avait pour but de procurer un asile aux malades qui étaient évacués de l'hôpital sédentaire de campagne de Taikosan sur Ta-Lien-Wan et de les diriger, de là, à Sôka. Les attributions du médecin Wada consistèrent à se charger du régime sanitaire et du traitement médical des malades durant leur séjour et, en outre, de donner des soins au personnel dépendant du service d'étape de Seitaishi. Il soigna également les coolies des troupes de garde attachées au commandement d'étape et porta secours aux militaires et aux coolies de passage. Il donnait aussi des consultations aux Chinois, quand les loisirs de ses fonctions le lui permettaient.

Après 43 jours de service, le 2 avril, cet asile fut fermé et notre médecin rentra à Taikosan. Les malades évacués qui passèrent par ses mains pendant tout le temps que cet asile resta ouvert, atteignirent le chiffre de 1,316.

Les malades auxquels il donna lui-même des soins, ceux relevant du commandant d'étape et Chinois compris, furent au nombre de 450, dont la classification est celle-ci :

Officiers   10
Soldats.   147
Coolies.   253
Chinois.   40
                          ————
            TOTAL   450

On obtient donc, en réunissant le nombre de malades évacués et celui de ceux traités dans ce lieu de séjour, le chiffre total de 1.766. Les malades évacués venaient tous de Taïkosan ; la plupart étaient des blessés, les malades ordinaires ne figurant que pour un quart. Parmi les blessés, les cas de brûlures par le froid étaient les plus nombreux ; on ne comptait qu'un quart seulement de blessures par armes. Ceci peut servir de renseignement dont on pourrait peut-être tirer profit au point de vue sanitaire en cas de guerre future dans les pays froids.

IV. — SERVICE DE SECOURS A SHÔSHIN (CHKANG-NYÖN).

Après l'arrivée de notre troisième détachement à Taïkosan, il fut décidé que la moitié des pharmaciens et des infirmiers se rendraient à Antong pour y attendre des ordres. Le 17, ils partirent donc de Taïkosan, au nombre de 17, et arrivèrent le 21 à Antong. Malgré la faible distance de 23 lieues et demie qui sépare ces deux localités, l'on mit cinq jours à la franchir. Cette lenteur fut causée par la neige dans laquelle on enfonçait et sous laquelle les chemins disparaissaient, par les vents glacials qui frappaient le visage, faisaient tourbillonner la neige et gelaient la figure jusqu'aux cils. Le groupe prit les ordres du chef du service médical de l'armée, par l'intermédiaire du médecin-major Arima, chef de l'hôpital sédentaire de campagne d'Antong, qui fut immédiatement envoyé pour servir à l'hôpital d'évacuation de Shôshin, en Corée. Il quitta Antong le 22, traversa le Yalu sur la glace et entra sur le territoire coréen. Après avoir cheminé par des sentiers escarpés, foulé la neige et essuyé la violence des vents glacials, il arriva, le même jour, dans l'après-midi, à l'hôpital d'évacuation indiqué.

7

C'est le 2 février que cet hôpital avait été ouvert, c'est-à-dire deux jours avant l'arrivée de notre groupe. On avait eu pour but, en l'établissant, d'y recevoir, pendant que le Yalu resterait fermé, les malades sans espoir de prompte guérison et les blessés par armes à feu mis dans l'impossibilité de combattre, qui seraient évacués d'Antong et de Gishiu, afin de pouvoir procéder promptement à leur rapatriement, dès que les glaces seraient fondues.

Cet hôpital se composait de quatre blocs de vingt maisons coréennes. Comme il venait d'être ouvert, on assigna, le jour même, à chacun des membres de notre personnel, le rôle qu'il avait à remplir et auquel il devait s'appliquer, conjointement avec le personnel du service médical militaire.

Au bout de dix jours de service, le chef de l'hôpital d'évacuation transmit, le 2 mars, l'ordre que le personnel de la Société de la Croix-Rouge, composé de 17 membres, était attaché à l'hôpital d'évacuation de Riusën et qu'il était invité à partir le lendemain. Cet ordre fut motivé par l'arrivée, à l'hôpital, ce même jour, d'un personnel du service de santé militaire, composé de quatorze membres, ce qui porta son cadre au complet. Notre détachement partit le 4 et arriva le même jour à Riusën, où il reçut l'ordre de s'appliquer à l'œuvre avec l'entourage du médecin en chef Moori qui avait été détaché de Ping-yang, pour venir servir au poste de Riusën. Comme il est question ailleurs du service de secours de notre personnel dans cette localité, nous n'y revenons pas ici.

En ce qui concerne ses travaux à l'hôpital d'évacuation, notre personnel qui ne comprenait dans son sein aucun médecin, se borna à seconder le personnel de santé de l'armée. Mais, s'il ne donna point de consultations aux malades, il fut chargé spécialement des préparations pharmaceutiques et de la garde des malades. La durée de son service fut de douze jours, du 22 février au 3 mars.

———

CHAPITRE VIII.

Service de secours sur mer.

Par suite de la position insulaire du Japon, les œuvres de
la Croix-Rouge japonaise se trouvent intéressées d'une façon
plus étroite, en ce qui concerne le secours sur mer, qu'aucune autre société des pays signataires de la Convention de
Genève. Les rôles multiples que les wagons sanitaires ont
joués dans les guerres continentales de l'Europe, depuis 1862,
les navires les ont joués également pendant que se déroulait
la guerre entre le Japon et la Chine. L'intérêt ressenti par le
Japon, en ce qui concerne le transport des malades, pourrait
être éprouvé par l'Angleterre, si elle se mettait en guerre
avec un pays du continent européen. Une pareille éventualité ne s'est pas présentée depuis la guerre de Crimée et il
n'est pas à désirer qu'elle se représentât jamais. La guerre
sino-japonaise a donc été un champ nouveau d'expérience
pour les œuvres de la Croix-Rouge, sous certains points relatifs au service de secours sur mer.

Exposons d'abord les faits. La Société avait pressenti qu'au
Japon l'importance du service sur mer égalait celle du chemin de fer dans la guerre des différents pays du continent;
aussi désirait-elle avoir des navires à elle pour secourir et
transporter les soldats blessés ou malades. Mais, avant qu'elle
eût pu réunir les ressources suffisantes pour se procurer des
navires, la guerre éclata subitement et, avec la guerre, se
réalisa ce que la Société avait prévu. En effet, les navires
disponibles des compagnies privées de navigation ayant été
réquisitionnés par l'armée de terre ou engagés autrement, il
n'en restait plus que la Société pût affréter pour les employer
à ses œuvres de secours. La Société dut donc se résigner à
renoncer à son projet de seconder le service de santé de

l'armée avec ses propres bateaux ; néanmoins, elle a su atteindre son but en fournissant aux bateaux de l'armée le personnel de secours qui lui permit de participer à ce service.

L'expérience recueillie a enseigné d'une façon évidente que la première chose que la Société doit faire à l'avenir dans l'organisation de ses œuvres de secours en temps de guerre, c'est de se munir de quelques navires ; à elle de prendre, avec l'autorité militaire, les dispositions nécessaires pour que ces navires ne soient pas réquisitionnés pour d'autres usages. La Société est en train de mettre ce projet à exécution. Et ici se présente la question suivante :

Dans le cas d'une guerre du Japon avec un pays d'outre-mer, les navires, pour secourir les malades et les blessés, joueraient exactement le même rôle que les wagons sanitaires dans les guerres des pays du continent européen ; d'où il suit que les navires de secours appartenant à la Société japonaise de la Croix-Rouge auraient tout-à-fait le même caractère que les wagons de secours possédés par les sociétés de la Croix-Rouge en Europe. Dans ces conditions, ces navires jouiraient-ils des mêmes droits juridiques et de la même inviolabilité que les wagons de secours? ou, pour parler plus exactement, pourrait-on considérer les navires de secours de la Société japonaise de la Croix-Rouge comme étant compris dans les « évacuations avec le personnel qui les dirige », dont il est fait mention au dernier alinéa de l'art. 6 de la Convention de Genève? ou faut-il qu'on les considère comme rentrant dans la catégorie des « navires hospitaliers équipés aux frais des Sociétés de secours reconnues par les gouvernements signataires de cette convention », spécifiée à l'art. 13 des clauses additionnelles du 20 octobre 1868, et, comme telle, ne jouissant pas de la qualité d'inviolabilité jusqu'à ce que ces clauses soient devenues valides?

La Société japonaise de la Croix-Rouge adopte l'interprétation (qui est, d'ailleurs, celle de M. Leuder, dans son ouvrage sur la Convention de Genève, édition française, p. 340) que les navires de secours de la Société, employés pour secourir les militaires blessés dans les armées en campagne, rentrent dans la sphère de la Convention de Genève du 22 octobre 1864 et sont compris dans le mot « évacuations » du dernier alinéa de l'art. 6 de la même convention ; que les clauses additionnelles ne font qu'ajouter plus de précision aux conditions et qu'enfin la validité de ces clauses n'a aucun rapport avec celle de l'art. 6 de la Convention. Si cette interprétation n'était pas admise, il s'ensuivrait une situation inégale faite à un pays insulaire, tel que le Japon, qui, tout en faisant partie de la Convention de Genève, ne pourrait pas jouir d'une grande partie des avantages de la Convention.

Au mois de septembre, après la bataille de Ping-yang, les soldats blessés, renvoyés par mer au Japon, ayant augmenté de jour en jour et la dyssenterie ainsi que la fièvre typhoïde régnant sur le théâtre des opérations militaires, la Société s'adressa, le 21 du même mois, au chef du service des Bienfaits, pour lui demander l'autorisation d'être chargée du secours à bord des navires militaires. L'autorité militaire accueillit favorablement cette proposition et employa le personnel de la Société au service de secours sur les transports des malades et au service de santé à bord d'autres navires. Relevé de ses fonctions le 10 décembre, le personnel les reprit à partir du mois de mars de la 28ᵉ année (1895). Nous donnerons séparément le compte rendu des travaux de chacune de ces deux périodes :

I. — Première période de l'assistance au Service médical d'évacuation sur mer et au Service de santé à bord.

Le 23 septembre, la demande de la Société ayant été admise par le chef du service des Bienfaits, la Société désigna, le même jour, comme personnel de secours à bord, les médecins Fujii Kanéitchi, Tsumiyama Seikichi, Sutó Tadamatsu, Kitamura Junzô, Yamazaki Minpei, Wada Shokun et douze infirmiers, et leur ordonna de se rendre immédiatement à leur poste. La distribution du personnel de secours à bord et l'exécution de leur œuvre furent alors provisoirement fixées comme il suit :

1° Le personnel sera chargé du traitement et de la garde des malades à bord, pendant le trajet des troupes d'Ujina aux différents ports de Corée ou pendant le voyage de rapatriement des malades ;

2° Il y aura deux infirmiers par médecin et par navire ;

3° Chaque médecin sera muni d'une trousse d'instruments de chirurgie ;

4° Le personnel remplira ses fonctions sous les ordres du service médical militaire et sous le contrôle des délégués du corps de secours à terre envoyés par la Société, à Hiroshima ou en Corée ;

5° Lorsque le personnel sera à terre, il participera aux travaux du corps de secours envoyé par la Société.

Le 27 du même mois, tout le personnel du service de secours à bord arriva à Hiroshima. Le 1ᵉʳ octobre, le personnel partit pour la Corée, sur l'ordre reçu du chef du service médical de la 5ᵉ division d'armée de se rendre à Jinsen, à bord de l'un des navires mobilisés par l'armée, et d'y donner des soins aux malades évacués. Le lendemain, sur l'ordre du major Hayashi, commandant d'étapes, les deux médecins, Tsumiyama et Fujii, s'embarquèrent à nouveau avec quatre infirmiers sur le même navire, le *Tagonooura-Maru*, à destination de Kuiyong-po, en Corée. Les médecins Suto, Yamazaki, Wada, Kitamura et huit infirmiers restèrent à Jinsen jusqu'au 9 octobre et aidèrent, tantôt le service du 1ᵉʳ hôpital de campagne de la Société de la Croix-Rouge du Japon, qui était à Jinsen, sous le contrôle du directeur Shichiri Chinami, et tantôt s'occupèrent de l'embarquement des malades. Quatre jours après, lorsque le 1ᵉʳ hôpital de la Société fut transféré à Ping-yang, ils partirent tous ensemble pour cette ville, où ils arrivèrent le 14. Là, ils s'employèrent, suivant les ordres reçus des autorités compétentes, au service de secours sur les transports de malades et au service de santé à bord, ainsi qu'à l'embarquement des malades. Voici le compte-rendu des travaux de chacun de ces médecins :

(A.) Les médecins Tsumiyama, Fujii et quatre infirmiers s'embarquaient, dans l'après-midi du 6 octobre, sur le *Tagonooura-Maru* et partirent de Jinsen pour Kishimpo où ils arrivèrent le 8 octobre, après avoir fait escale à Ghio-in-to et remonté le Taïdong. Ils durent rester quelques jours à bord, parce que, faute de barques, on ne pouvait pas opérer rapidement le déchargement de la cargaison. Pendant ce temps, ils s'occupèrent au traitement des blessés de l'équipage du *Himéji-Maru*, alors en mouillage à Kishimpo.

Partis le 14 octobre de cet endroit avec 20 malades, ils en prirent 30 autres à Ghio-in-to et arrivèrent, le lendemain, à Jinsen où Fujii et les infirmiers reçurent l'ordre de débarquer et d'attendre de nouvelles instructions du commandant d'étape. Quant à Tsumiyama et à ses deux infirmiers, ils devaient continuer leur service à bord du *Tagonooura-Maru* qui, après avoir embarqué encore 100 malades, partit de Jinsen le 17, prit 5 malades à Fusan, et arriva, le 24 octobre, à Ujina. Le lendemain, ces malades furent débarqués et remis aux médecins militaires, après quoi le médecin et les deux infirmiers restèrent à terre pendant trois jours. Le nombre des malades transportés au cours de ce voyage fut de 155.

Le 28 octobre, le médecin Tsumiyama et ses infirmiers repartirent d'Ujina sur le *Tagonooura-Maru* et, après avoir touché à Shimonoseki et à Fusan, arrivèrent, le 30, à Jinsen. 160 malades qui se trouvaient là furent embarqués, puis le navire repassa par Fusan où il prit 22 autres malades et arriva enfin, le 7 novembre, à Ujina. Les malades furent débarqués par les soins du médecin et de ses deux infirmiers et remis aux officiers des services de santé de l'armée. Le nombre des malades transportés pendant ce voyage fut de 182.

Toujours à bord du *Tagonooura-Maru*, notre médecin et ses infirmiers se rendirent cette fois à la rivière Taïdong. Après avoir reçu à bord les malades qui avaient été envoyés de Ping-yang et autres endroits, ils quittèrent Kishimpo le 14 novembre, prirent à Jinsen 30 malades, à Fusan 9 autres, débarquèrent une partie des malades à Shimonoseki et arrivèrent le 19 à Ujina où le reste des malades fut laissé. Le médecin et ses infirmiers restèrent à Hiroshima jusqu'au moment où parut l'ordre qui retira des transports le personnel de secours à bord. Le nombre des malades transportés durant ce voyage fut de 116.

(B.) Le médecin Fujii et ses deux infirmiers avaient reçu, le 15 octobre, l'ordre de s'embarquer sur le *Kosughi-Maru*, à bord duquel ils furent chargés de la garde de 179 malades rapatriés, parmi lesquels il y avait des officiers, des sous-officiers, des soldats et des coolies. Le même jour, le navire quitta Jinsen pour Ujina. Dans cette traversée, il essuya une tempête et se mit à l'abri dans le port de Yanaghita-Maru. Le 30 du même mois, il arriva à Ujina, où M. Fujii remit les malades aux médecins militaires, puis alla, avec ses infirmiers, passer un jour à Hiroshima. Ils repartirent, le 4 octobre, d'Ujina, à bord du *Kosughi-Maru*, et, à partir de Shimonoseki, sur l'*Ariaki-Maru*, car le *Kosughi-Maru*, qui avait à prendre des provisions à Shimonoseki et à faire escale en différents ports, les eût trop retardés. Le 26, ils arrivèrent au port de Jinsen, débarquèrent et attendirent les ordres du commandant d'étape. Pendant ce temps, ils secondèrent le service d'embarquement et de distribution à bord de plus de 200 malades que le *Kisogawa-Maru* devait conduire de Jinsen à Ujina, sous la garde de 5 médecins engagés par l'armée.

Le 5 novembre, lorsque le *Kosughi-Maru* arriva de Kuiyong-po à Jinsen avec 153 malades, M. Fujii et ses infirmiers reçurent l'ordre de s'embarquer sur ce navire et d'escorter les malades jusqu'à Ujina. Il y avait, à ce moment, plus de 300 coolies invalides que le commandant d'étape voulait rapatrier par le bâtiment : nos médecins passèrent ainsi la nuit à embarquer 305 malades. Le *Kosughi-Maru* partit le lendemain de Jinsen et arriva, le 10, à Ujina, où les malades furent débarqués. Ils étaient au nombre de 458.

Notre médecin et ses aides, embarqués de nouveau sur le *Kosughi-Maru*, arrivèrent, le 17, à Kishimpo. Le 20, ils reçurent l'ordre de transborder sur le *Mikawa-Maru* 227 malades envoyés de Ping-yang. Partis le 22, ils prirent un malade à Ghio-in-to, deux autres à Jinsen et arrivèrent à Ujina, où ils remirent les malades aux autorités militaires, après quoi ils rentrèrent, le 27, à Hiroshima, au moment où notre personnel de secours à bord venait d'être relevé de ses fonctions.

(G.) Le médecin Suto était, depuis plus de dix jours, à Ping-yang, lorsque, le 17 octobre, le commandant d'étape lui donna l'ordre de recevoir 194 malades envoyés par la section de transport des malades de Ping-yang et de les transporter de Bankeïdaï avec sept infirmiers, au moyen d'un petit vapeur, jusqu'à Kischimpo, où il arriva le même jour. Là, il transborda 175 malades sans gravité sur le *Tôtômi-Maru* et remit les autres à cet officier. Le même jour, Suto et les infirmiers reçurent l'ordre de s'embarquer sur le *Tôtômi-Maru*, où ils reçurent encore 120 autres malades qui se trouvaient à Kischimpo. Partis de ce port le 18, ils arrivèrent, le 22, à Ujina, où ils débarquèrent les malades et les remicent à l'hôpital de réserve de Hiroshima. Le nombre de malades transportés durant le voyage était de 333.

Le 24 octobre, M. Suto partit d'Ujina, à bord du *Tsukushi-Maru*,

pour Jinsen, où il arriva le 28 et se mit à la disposition du commandant d'étape. Le 28, au moment où la direction des étapes du sud
allait se transporter de Jinsen à Ghio-in-to, il reçut l'ordre de se
rendre dans cette dernière ville. Ses infirmiers et lui s'embarquèrent
le 9 sur un bateau coréen, *Kaï-Rio*, et arrivèrent à Ghio-in-to. De là,
le général Fukubara, directeur des étapes du sud, les invita à se
rendre à Kuiyong-po ; ils y arrivèrent, le 18 novembre, à bord du
Jinsen-Maru.

A cette époque, se trouvait à Kuiyong-po le *Fushighi-Maru* servant de bateau-hôpital stationnaire, destiné à recevoir et à traiter
les malades envoyés par l'hôpital d'évacuation de Gishiu. M. Suto et
ses trois infirmiers reçurent l'ordre de se charger du service de secours à bord de ce bateau. Ils devaient se faire aider par des coolies
de l'armée. Ils y restèrent du 19 au 23 novembre. Pendant ce temps,
ils eurent à s'occuper du traitement et de la garde des malades à bord,
de la réception de ceux qui étaient envoyés de Gishiu, de Kuiyong-po
et autres endroits, du transbordement de malades du bateau-hôpital
sur les navires de transport. Le nombre de malades ainsi transbordés
sur le *Aïkoku-Maru* et le *Tôyô-Maru*, fut de plus de 280 et le bateau-
hôpital avait toujours à son bord plus de 100 malades.

Le 23 novembre, M. Nagaoka, chef d'état-major du 1er corps d'armée, transmit l'ordre suivant : « *Le personnel de secours à bord devra
quitter Kishimpo et rentrer à Ujina, escortant les malades qui sont à
bord du* Fushiki-Maru. » Notre personnel partit donc le lendemain
et arriva le 21 à Ujina où il remit les malades aux autorités militaires.
Là, sa mission prit fin. Le nombre des malades transportés fut de 183.

(D.) Le médecin Yamazaki et ses deux infirmiers attendaient depuis
quelques jours des instructions à Ping-yang, lorsque, le 21 octobre,
ils reçurent de M. Koïké, chef du service médical des étapes de la
1re armée, l'ordre de se charger du service de secours de la station
des malades à Kuiyong-po et de les rapatrier à la première occasion.
Ils quittèrent alors Ping-yang, le lendemain s'embarquèrent à Bankeïdaï sur un petit vapeur, et arrivèrent à Kishimpo où ils se chargèrent du traitement des malades du lieu de logement sous la direction
du médecin militaire. Le nombre des malades de la station était alors
de près de 200 ; ils souffraient, pour la plupart, de la dyssenterie et
de la fièvre typhoïde. Le lieu de logement des malades, qui se trouvait sur un terrain plat au versant d'une montagne, était formé d'une
dizaine de tentes. Pour lits, les malades n'avaient que de la paille étendue sur du foin et recouverte de nattes. A ce moment, le froid commençait à se faire sentir et cependant l'on n'avait aucune espèce
de couvertures de laine. Il faisait même si froid que les personnes
bien portantes ne pouvaient dormir ; les malades de la dyssenterie et

de la fièvre typhoïde le pouvaient, par conséquent, encore moins. Quelques jours de séjour dans cet endroit suffisaient pour que les malades qui avaient pu venir à pied, soit de Ping-yang, soit de tout autre lieu, vissent leur état empirer. L'état de cette station était donc profondément attristant.

Le 25 octobre, arriva l'ordre de rapatrier les malades à Ujina par le bateau *Ajikawa-Maru*. Notre personnel y embarqua 110 malades envoyés de Ping-yang par le *Hotan-Maru* et 106 malades de la station, partit le lendemain, reçut à bord 10 malades à Ghio-in-to, et arriva à Ujina le 20 octobre, où il remit les malades à l'hôpital de réserve de Hiroshima. Le nombre des malades était de 226.

Le 7 novembre, M. Yamazaki et ses aides s'embarquèrent sur le *Kagoshima-Maru*, quittèrent Ujina et arrivèrent à Kishimpo, le 11 novembre. Sur l'ordre du médecin de ce lieu de logement, ils montèrent, le 14, à bord du *Kinugawa-Maru*, prirent sous leur garde 8 malades graves du lieu de logement et arrivèrent le 17 à Ghio-in-to. Sur l'ordre reçu le même jour du commandant d'étape de rapatrier des malades à Ujina à bord du *Kagoshima-Maru* qui allait repartir le lendemain, ils s'occupèrent de l'embarquement des malades envoyés de Kishimpo, de 157 autres envoyés de Ping-yang et autres localités. Ils partirent le 18 novembre, faisant escale à Jinsen où ils reçurent à bord 153 malades, touchèrent à Shimonoseki où une partie des malades fut débarquée et, le 23 novembre, arrivèrent à Ujina où le reste des malades fut remis aux médecins militaires. Le nombre des malades transportés fut de 310. Le médecin Yamazaki et les deux infirmiers étaient à Hiroshima à attendre des ordres, lorsqu'arriva la nouvelle que le personnel de secours à bord était relevé de ses fonctions.

(E.) Le médecin Wada, en attendant des instructions à Ping-yang, prêta son concours du 14 au 28 octobre au service de terre du personnel de secours envoyé par la Société. Le 29, sur l'ordre de M. Koiké, chef du service médical des étapes de la 1ᵉ armée, l'invitant à se charger du service de secours aux malades à bord, il partit le même jour de Bankeïdaï avec 315 malades embarqués sur le *Katsuoura-gawa-Maru*, descendit le Taïdong, arriva à Shôshin (Chkang-Nyon) le 30 et y remit ses malades au lieu de logement. Sur l'ordre du médecin en chef, il fut attaché au traitement des malades dudit lieu de logement, en attendant l'arrivée des bateaux de transport. Par suite du manque de bateaux, les malades envoyés du théâtre des opérations s'entassaient de jour en jour et leur nombre, à un certain moment, atteignit 800. Et pendant ce temps, les couvertures ouatées et les couvertures de laine faisaient défaut ; le choix et la préparation des boissons et des aliments laissaient à désirer ; le froid augmentait de jour en jour, circonstances qui contribuaient à accroître la mortalité.

M. Wada, qui fut en service dans ces circonstances, pendant neuf jours, n'avait pas moins de 100 malades à traiter par jour.

Le 8 novembre, arriva le *Himéji-Maru* qui fut chargé de rapatrier 515 malades militaires et 204 coolies libérés (malades compris). Notre personnel veilla à l'embarquement, l'on partit immédiatement de Kishimpo et l'on arriva à Ujina le 12 novembre. Le lendemain, les malades furent débarqués et remis au lieu de logement des malades d'Ujina. Le nombre des malades transportés était de 719. En attendant le départ d'un bateau, M. Wada fut, sous l'ordre du commandement d'étape, attaché au service d'Ujina, sous la direction des médecins militaires. Sa mission prit fin le 28 novembre, lorsque le personnel de secours à bord fut relevé de ses fonctions.

(F.) Le médecin Kitamura et les deux infirmiers aidèrent à Pingyang, pendant une dizaine de jours, le service à terre. Le 26 octobre, ils se rendirent, sur ordres reçus, à Kishimpo ; mais, comme il n'y avait pas de navire en partance, ils furent chargés par le commandement d'étape, du traitement des malades du lieu de logement de cette localité.

Le 31 octobre, arriva le *Mikawa-Maru*. Après avoir embarqué 460 malades, il leva l'ancre, et, après escale à Ghio-in-to et à Shimonoseki, il arriva à Ujina le 5 novembre. M. Kitamura débarqua les malades, qu'il remit à l'hôpital de réserve, à Hiroshima. Le 11 du même mois, il partit de nouveau d'Ujina avec ses aides, à bord du *Taiko-Maru*, et, après avoir touché à Moji et à Jinsen, il arriva, le 17, à Ghio-in-to, où il débarqua. Après avoir attendu des instructions pendant plus de dix jours, il se rendit, à bord du *Daïnitaïko-Maru*, à Kishimpo, attendant toujours des ordres. Enfin, le 4 décembre, il fut invité à embarquer sur le *Fukuoka-Maru* et à escorter les malades. Le jour même, il fit embarquer 126 malades, comprenant ceux de Ping-yang et de Kô-Shiu, ainsi que ceux de Kishimpo. Ayant relâché à Ghio-in-to, il en prit encore 11 et arriva, le 10 décembre, à Ujina, où il remit tous les malades, au nombre de 137, au lieu de logement des malades. Quant au médecin et à ses infirmiers, leur mission prit fin, en même temps que fut relevé de ses fonctions le personnel du service de secours à bord.

Tel est le résumé des travaux du personnel de secours à bord choisi par la Société. Ce personnel eut différentes missions à remplir, mais la plus importante consista à soigner pendant le voyage les malades qu'il escortait.

Les points de départ du rapatriement des malades étaient Kishimpo, Kuiyong-po, Ghio-in-to et Jinsen, tous districts de la Corée, et la destination était Shimonoseki et Ujina. Cette œuvre de transport des malades commencée le 1ᵉʳ octobre de la 27ᵉ année de Meiji (1894) finit le 10 décembre de la même année. Les navires, à bord desquels le personnel de secours de la Société eut à exercer sa mission de transport, furent ceux appelés *Tagonooura-Maru*, *Kosughi-Maru*, *Mikawa-Maru*, *Kagoshima-Maru*, *Tôtômi-Maru*, *Himéji-Maru*, *Fukuoka-Maru* et *Fusighi-Maru*. Le nombre de transports de malades fut de 13 et celui des malades transportés (y compris les cas survenus à bord) dont le personnel de la Société eut à s'occuper, s'éleva au chiffre total de 4.411 personnes.

II. — Deuxième période de l'assistance au service médical d'évacuation sur mer et au service de santé à bord.

Lorsqu'au mois de décembre 1894, les travaux de secours de la Société à bord furent suspendus par ordre de l'autorité militaire, la Société prévoyant que la nécessité du service de secours sur mer se ferait sentir davantage s'était mise activement à faire des préparatifs et attendait les ordres du gouvernement.

Vers le mois de mars de la 28ᵉ année (1895), l'armée japonaise occupait toute la péninsule Liao-Tong, passait en Shan-ton et s'emparait de Weï-Haï-Weï. Une partie de notre armée s'était avancée vers le sud et avait pris les îles Pescadores. Il était question de transporter le grand quartier général en Chine pour porter le coup mortel à ce pays.

A ce moment, les navires chargés des transports entre le théâtre des opérations et le Japon étaient, au nombre de plus de cent, occupés dans les ports de Corée, dans la presqu'île de Liao-Tong, à Weï-Haï-Weï, dans les ports du golfe de Petchili et aux Pescadores, soit au transport des troupes et des munitions, soit au rapatriement des malades. La navigation était extrêmement active. De plus, comme nos troupes passaient du nord au sud et réciproquement pour se remplacer et que la saison de l'été approchait, il était à appréhender que des épidémies ne se déclarassent ; de sorte que le besoin du service de santé à bord se faisait de jour en jour plus sentir.

Le 11 mars, le chef du service des Bienfaits transmit à la Société un ordre du Directeur général du service de santé en campagne, dont voici la teneur :

Envoyez au commandant de l'étape et du port d'Ujina cent médecins et trois cents infirmiers, destinés à être embarqués sur les divers navires mobilisés pour le service de l'armée.

Au reçu de cet ordre, la Société procéda immédiatement au recrutement du personnel demandé. Le siège central fit lui-même le choix de 38 médecins et de 111 infirmiers et télégraphia aux sections locales de faire chacune choix de 2 médecins et de 6 infirmiers, et aux comités départementaux de choisir chacun 1 médecin et 3 infirmiers. Ces instructions furent immédiatement exécutées et 62 médecins et 189 infirmiers furent engagés. Une semaine après, on était prêt à envoyer le personnel de secours demandé par le chef du service des Bienfaits. Le personnel choisi par les sections locales de l'est du Japon, soit par celles de Hokkaido, Aomori, Akita, Yamagata, Iwaté, Miyaghi, Fukushima, Niigata, Nagano, Gumma, Tochighi, Ibaraki, Chiba, Saïtama, Yamanashi et Kanagawa, fut convoqué au siège central de la Société, à Tokio, d'où il fut envoyé sans retard à Hiroshima. Pour le personnel des sections de l'ouest, à savoir Shizuoka, Aichi, Ishikawa, Toyama, Fukui, Shiga, Miyé, Wakayama, Kiyoto, Osaka, Hiogo, Okayama, Hiroshima, Yamaguchi, Tottori, Shimané, Tokushima, Ehimé, Kochi, Kagawa, Fukuoka, Saga, Nagasaki, Kumamoto, Oita, Miyazaki, Kagoshima, il fut appelé directement à Hiroshima. C'est le délégué général qui fut chargé de la surveillance de ce personnel.

Le personnel une fois réuni à Hiroshima, le délégué général lui donna des instructions et le remit successivement par groupes au commandement d'étape d'Ujina qui les embarqua sur les navires mobilisés par l'armée, à raison d'un médecin et de deux ou trois infirmiers par navire, de sorte qu'au milieu du mois de mai tout le personnel demandé par le service des Bienfaits était embarqué et chargé de la garde des malades et du service de santé à bord.

Ce fut le 23 mars que les premiers membres du personnel de secours à bord furent embarqués sur les transports militaires ; depuis lors, au mois d'avril, le quartier général avait été avancé jusqu'à Port-Arthur, ce qui avait occasionné un certain mouvement ; il y eut ensuite le retour triomphal des troupes expéditionnaires revenant des différentes localités de Liao-Tong, l'expédition contre les révoltés de Formose, le remplacement des troupes de garde de Wei-Hai-Wei, le remplacement et l'évacuation des troupes de garde en Corée et dans diverses localités de la province de Hôten (Moukden) en Chine, et le retour triomphal de l'armée de Formose.

Les travaux des membres de secours de la Société à bord ayant commencé avant la conclusion du traité de paix entre le Japon et la Chine, à Shimonoseki, et ayant fini seulement à la conclusion définitive de la guerre de 1894-1895, ont donc eu une assez longue durée. En outre, les transports militaires, à bord desquels ils furent embarqués, étaient au nombre de plus de 100. La sphère de navigation de ces navires était si étendue qu'il n'y a presque pas de ports ou baies de Corée, de Hôten et de Formose qui n'aient été visités par eux. Donnons un tableau des routes et des distances par eux parcourues : du port d'Ujina, ils allaient, du côté de la Corée, aux ports de Fusan, Jinsen, Ghio-in-to, Kishimpo, Chinnam-po, Kuiyong-po ; du côté de la Chine, à Iaku-shan, Petsewo, Ta-Lien-Wan, Port-Arthur, Yngkow, Ichifou, Wei-Hai-Wei, Shanghaï, aux îles Pescadores, Bakôkô, et aux ports de Formose. Ces navires firent même les voyages de Kobé, Taketoyo, Yokohama, Moji, Shimonoseki, Hikojima, Nijima,

Sakurajima, des divers ports de Corée et de Chine sus-mentionnés. Quelques-uns firent également un service périodique entre les différents ports de la province de Hôten (Feng-tien) ou entre Weï-Haï-Weï, Chikutô, Lien-Kun-to, et les différentes localités occupées par l'armée japonaise, dans la province de Hôten. Ils circulaient aussi entre les ports de Ke-lung, Tam-sui, Lu-Kong, Daku, Anping, Hoteishi et Tôkô, à Formose. Les trajets les plus courts étaient ceux de l'île Formose aux îles Pescadores ou de Formose à Foo-Chou et Hong-Kong. Ces navires remplirent différents rôles : ils servirent tantôt au transport des troupes, au rapatriement des militaires blessés ou malades, tantôt au transport des munitions de guerre et autres marchandises, tantôt pour le transport des correspondances et des malades.

Lors du voyage en Chine que fit Son Altesse Impériale le prince Komatsu, généralissime, et du grand état-major, dans celui que fit à Ichi-fou le ministre plénipotentiaire Ito pour l'échange des ratifications du traité de paix, lorsque Son Altesse Impériale feu le prince Kitashira-Kawa se rendit de la presqu'île de Kinchou à Formose, ce fut toujours des membres de la Société de secours qui furent chargés du service de santé à bord. Il n'y eut presque pas de navire au service de l'armée depuis la fin du mois de mars de la 28e année (1895) qui n'ait pas eu à son bord des membres de la Société, à raison d'un médecin et de deux, trois ou quatre infirmiers par navire, chargés du service de santé.

Le service de santé à bord était loin d'être comparable à ce qu'il est en temps ordinaire, d'autant plus que, depuis la fin du mois d'avril, la dyssenterie régnait à Liao-Tong, à Formose et aux îles Pescadores.

De plus, il y eut des tempêtes et, plus d'une fois, les navires ont couru de grands dangers. Quelques-uns même ont coulé ou échoué. Le navire *Ujina-Maru*, sur lequel était embarqué notre médecin Minokenshi, a échoué le 27 avril, près de Petsewo, et a été brisé ; cependant, grâce à la présence d'autres navires, il n'y eut personne de perdu.

Le *Tokaï-Maru* a échoué le 24 juin, à Iaku-shan, mais a heureusement échappé au malheur d'une perte complète.

Le 11 avril, le *Wakanooura-Maru* qui se rendait à Ta-Lien-Wan avec plus de 2.000 soldats de la 4ᵉ division et plus de 100 chevaux, abordant, dans le détroit de Moroto, le *Riojun-Maru*, eut une partie du tribord détruite et perdit ses embarcations, et, bien que le navire échappât à une destruction complète, il y eut 5 ou 6 morts parmi les soldats, par suite du choc des navires.

Le *Moji-Maru* qui revenait de Port-Arthur avec 400 militaires environ, 120 chevaux et quelques canons, aborda, le 28 juin, le *Tokaï-Maru* dans le détroit de Shimonoseki, entre Hikojima et Moji, et coula. Il y eut alors plus de 20 blessés, et les chevaux ainsi que les autres objets furent tous perdus.

A partir des mois d'août et de septembre de la 28ᵉ année, il n'y eut presque pas de navires faisant le service entre le Japon et Formose qui n'aient été éprouvés par les tempêtes. Celles qu'eurent à soutenir le *Kagoshima-Maru*, le *Himéji-Maru* et d'autres navires, du 31 août au 5 septembre, entre Oshima et Formose, furent particulièrement violentes : les vagues étaient tellement fortes que l'on ne pouvait rien distinguer, même à petite distance. L'inclinaison du navire dépassa quelquefois 50 degrés. Certains navires eurent des avaries sérieuses ; d'autres perdirent leurs embarcations et tout ce qui se trouvait sur le pont ; d'autres encore eurent leurs meubles et leurs vaisselles brisés. Il y eut même des morts et des blessés, par suite des brusques mouvements du navire. Un de nos médecins et un de nos infirmiers furent blessés, et les malades qui étaient à bord se trouvèrent dans un état si déplorable qu'on ne saurait en donner une description.

Le *Tosa-Maru*, parti le 11 décembre 1895 de Ta-Lien-Wan pour Ujina, avec des troupes et des chevaux, fut assailli sur sa route, le 13 du même mois, par une tempête sur les côtes de Corée. Les stalles installées pour les chevaux sur le pont furent toutes détruites, les embarcations enlevées, les ustensiles et ameublements du bord brisés pour la plupart et deux employés blessés. Le navire, heureusement, put mouiller près de l'île Seiso et échapper au naufrage.

Le 15 décembre, le *Nanyetsu-Maru*, qui revenait de Ta-Lien-Wan, donna sur les récifs de Nimrod : il perdit trois mille ailes d'hélice et eut plusieurs plaques emportées, de sorte que l'eau pénétrait dans le navire et qu'il ne pouvait plus se gouverner. Il put néanmoins atteindre à Murley, où il déchargea ses cargaisons et pompa l'eau qui avait pénétré. Le *Hokoku-Maru* venant heureusement à passer près de lui, il lui donna ses passagers et ses chevaux, ainsi qu'une partie de sa cargaison, et quitta lui-même Murley le 16. Mais il faisait beaucoup d'eau, et sa navigation était très difficile. Le 18, grâce à l'assistance du *Sokoku-Maru* qu'il rencontra, il put arriver à Shiyôandô et se mettre à l'abri des dangers de la mer. Le 22, le *Sakata-Maru* étant venu lui apporter des secours, il le remorqua quand la voie d'eau fut aveuglée et put arriver, le 26, à Ujina. On peut voir la situation pénible de ce navire abandonné pendant huit jours sur les côtes de Corée, aux hasards et aux périls de la mer.

Le 12 décembre 1895, le *Wahanooura-Maru* fut mis dans l'impossibilité de continuer sa navigation par suite d'une avarie de machine causée par le mauvais temps, dans son voyage d'Ujina à Ta-Lien-Wan.

Ce ne sont là que les accidents les plus sérieux. Il y eut, en outre, à Weï-Haï-Weï et à Ta-Lien-Wan des abordages de petits bateaux à vapeur et de jonques. Quand les navires ont secouru les petites jonques ou les bateaux de pêcheurs en détresse sur les côtes de la Chine et au sud-ouest de Kinchou, notre personnel s'est chargé du traitement des blessés et des malades qui furent recueillis dans ces occasions. Le souvenir des services rendus par lui dans toutes les circonstances critiques est, sans aucun doute, resté présent à la mémoire de ceux qui en ont été les témoins.

Parmi les faits qui se sont passés durant le service de nos membres de secours à bord, il y en a trois qui méritent une mention particulière et qui peuvent être considérés comme la gloire des œuvres de secours de la Société. Les voici :

1° Lorsque le vaisseau de guerre *Ko-Hei* coula, le 25 décembre 1895, aux îles Pescadores, c'étaient des membres de secours de la Société qui s'étaient chargés du service à bord du transport militaire et qui furent envoyés pour lui porter secours ;

2° Lorsqu'on a rapatrié, au mois d'août 1895, les prisonniers chinois à Taiko, c'étaient des membres de secours de la Société qui s'étaient chargés du service de santé à bord du navire qui les transportait. *(Voir, pour les soins donnés par la Société à un grand nombre d'entre eux, le chapitre : Secours aux prisonniers)* ;

3° Toutes les fois qu'on a déporté à Foo-Chou, en Chine, les prisonniers de Formose, c'étaient des membres de la Société qui s'étaient chargés du service de santé à bord des navires qui les transportaient. Dans la deuxième période de l'assistance au service médical militaire à bord, la mission des membres de secours de la Société consistait à escorter l'évacuation des malades embarqués sur les transports militaires ou à soigner les militaires ou les marins à bord des autres navires. Il y avait, dans l'armée, des bateaux spécialement affectés au service des malades et qui s'appelaient bateaux-hôpitaux et bateaux de transport des malades, et les membres de secours de la Société n'avaient pas la charge exclusive du transport des malades. Cependant, comme au plus fort de la guerre, les bateaux-hôpitaux firent quelquefois défaut, qu'il y eut beaucoup plus de malades dans l'affaire de Formose que dans la guerre entre le Japon et la Chine, et que, par suite des maladies épidémiques et contagieuses et de l'étrangeté du climat, les malades affluaient et s'entassaient de jour en jour davantage dans tous les ports de Formose, le nombre de malades transportés par les navires militaires, à bord desquels se trouvaient des membres de notre personnel de secours, a été considérable. A Kelung et à Tamsui, où le service des étapes de l'armée était très surchargé, nos médecins de service à bord furent plusieurs fois réquisitionnés pour aider le service militaire, même à terre.

Pendant ce temps, la Société a, plusieurs fois, envoyé des membres de secours à différents endroits pour suppléer aux emplois devenus vacants, par suite de démission pour cause de maladie. Ainsi, la Société ayant, le 13 juillet 1895, reçu l'ordre du chef du service des Bienfaits d'envoyer quatre médecins et douze infirmiers pour combler des vacances, s'empressa de fournir les membres demandés en les prenant dans le personnel de secours de la Société centrale et dans ceux du Comité départemental de Tochigui et de la section locale de Gumma.

Le 10 décembre 1895, le Directeur général du service de santé en campagne adressa à la Société la note suivante :

Les membres de secours de la Société japonaise de la Croix-Rouge sont libérés de leurs fonctions ; ils peuvent se retirer successivement au fur et à mesure qu'ils rentreront dans le port d'Ujina.

L'œuvre ne cessa cependant d'une façon définitive que le 6 février de la 29e année de Meiji (1896).

Bien auparavant, les œuvres de secours de l'hôpital de réserve de Hiroshima avaient pris fin ; le délégué en chef qui était à Hiroshima était lui-même rentré à Tokio en même temps que le quartier général. Toutefois, la Société avait conservé une agence à Hiroshima. Depuis le 1er août 1895, les membres de secours du bord étaient placés sous la surveillance du délégué Seki (administrateur de la section locale de Hiroshima), du commis Ogata, du trésorier Nishi et du chef des infirmiers Takahashi.

Résumons ici les travaux de notre personnel de secours à bord : leur durée a été de 320 jours, depuis le 23 mars (1895), jour où les premiers membres ont été embarqués, jusqu'au 6 février (1896), jour où les derniers se sont retirés. Le nombre du personnel employé fut de 124 médecins et de 354 infirmiers ; celui des navires sur lesquels il fut embarqué fut de 101 et celui des voyages de 1.437, si l'on compte comme

voyage l'aller et le retour à Ujina, et 4.636, si l'on compte
comme voyage le trajet d'un lieu à un autre. Le nombre des
passagers transportés pendant ces voyages a été de plus de
320.000, y compris les militaires, les fonctionnaires civils au
service de l'armée. Les malades transportés furent au nombre de 33.964 et les marins ou passagers traités, au nombre
de 24.216.

————

116   LA SOCIÉTÉ DE LA CROIX-ROUGE DU JAPON

voyage l'aller et le retour à Ujina, et 4.636, si l'on compte
comme voyage le trajet d'un lieu à un autre. Le nombre des
passagers transportés pendant ces voyages a été de plus de
320.000, y compris les militaires, les fonctionnaires civils au
service de l'armée. Les malades transportés furent au nombre de 33.964 et les marins ou passagers traités, au nombre
de 24.216.

CHAPITRE IX.

Service de secours aux hôpitaux militaires de réserve.

Les hôpitaux militaires de réserve étaient des établissements où l'on donnait des soins aux malades envoyés du théâtre de la guerre dans l'intérieur de l'Empire. Ils relevaient des commandants des divisions territoriales. Ce furent des hôpitaux militaires des divisions du temps de paix qui furent affectés au service du temps de guerre et dont l'insuffisance fut suppléée par des sortes de baraquements.

L'autorité militaire utilisa les préparatifs de notre Société d'une façon beaucoup plus large dans le service des hôpitaux militaires de réserve que dans tout autre service de santé du temps de guerre. Aussi est-ce à seconder cette branche du service de secours que notre Société consacra, dans l'intervalle du 1ᵉʳ août de la 27ᵉ année de Meiji (1894) au 31 juillet de l'année suivante, la plus grande somme de ses efforts et de ses ressources. En voici les traits principaux :

I. — Service de secours a l'hôpital de réserve de Hiroshima.

Le chef du service des Bienfaits avait donné, le 1ᵉʳ août 1894, l'ordre dont il a été question au chapitre II. Dès le 3, un détachement du personnel de secours, formé par le siège central de la Société à Tokio, expédia à Hiroshima, ville où le quartier général avait été transféré dès le premier moment et qui, étant par sa situation proche d'Ujina, tête des étapes de guerre, devenue le centre de toutes les opérations militaires, fut, pour cette raison, le lieu où les œuvres effectuées par notre Société furent de beaucoup les plus considérables.

Ce détachement, dirigé par le délégué général, lieutenant-colonel Shimidzu Toshi, était composé de trois médecins, le médecin en chef Takahashi Taneki étant compris, d'un pharmacien, d'une surveillante des infirmières Takahashi Eiko, d'un commis, d'un trésorier, de vingt infirmières et d'un huissier, en tout trente personnes. Il emporta les bandages, les antiseptiques, les médicaments, les effets d'habillement et de literie de malades, les instruments de médecine et de chirurgie et tous les autres objets du service de secours nécessaires pour cent malades. C'étaient les éléments d'organisation d'un hôpital en temps de guerre.

Notre personnel arriva, le 5 août, à Hiroshima, et prit aussitôt les ordres du médecin en chef de la 5e division territoriale, chef de l'hôpital militaire de réserve de Hiroshima. Dès le lendemain, l'hôpital municipal Hakuai-bioin fut mis à sa disposition, comme salle de malades confiée à ses soins, sous le titre de « dépendance de l'hôpital militaire de réserve de Hiroshima ». Il fut désigné *Annexe N° 1 de l'hôpital militaire de réserve de Hiroshima, desservie par le personnel de la Société japonaise de la Croix-Rouge.*

Le 9, l'hôpital, confié à nos soins, admit ses premiers malades : c'étaient des malades ordinaires, rapatriés de Corée ; le 17, y entrèrent, envoyés par l'autorité militaire, une vingtaine de blessés de la bataille d'Asan, le commandant Hashimoto, entre autres. C'étaient les premiers blessés évacués du théâtre de la guerre. Notre Société a donc eu l'honneur de donner les premiers soins aux premiers blessés de la guerre sino-japonaise. Depuis lors, les malades relevant de la 5e division territoriale et ceux évacués du théâtre de la guerre ne cessèrent pas d'affluer dans notre hôpital-annexe.

Sur un nouvel ordre du chef du service des Bienfaits, la Société forma, le 16 septembre, un autre détachement du personnel de secours qu'elle expédia à Hiroshima, muni du matériel de santé, d'effets d'habillement et de literie pour les malades, etc. Ce détachement était composé de quatre médecins, y compris le médecin en chef provisoire Koyama Zēn, de deux pharmaciens, de deux commis et trésoriers, de trente infirmières dont la surveillante d'infirmières, Mme la vicom-

tesse Niré, femme du vice-amiral, et d'un huissier ; en tout :
59 membres, c'est-à-dire des éléments d'organisation d'hôpital pour 200 malades. Arrivé à Hiroshima le 10, il fut chargé,
le 21, d'une partie de l'hôpital principal et des salles des dyssentériques. Avec l'entrée du char impérial dans la ville, le
15 septembre, le grand quartier général s'y transporta ; puis
Hiroshima et Ujina ayant été considérés comme faisant partie
du théâtre de la guerre, l'état de siège y fut proclamé. Le jour
où Sa Majesté faisait son entrée à Hiroshima, avait lieu la
grande bataille de Ping-yang. Le nombre des militaires partant pour la Corée ou pour la Chine devenant de plus en plus
considérable, il était évident que, dans l'avenir, plus nombreux seraient aussi les malades rapatriés. Notre Société ayant
donc reconnu la nécessité de développer l'organisation de son
personnel de secours, décida, après approbation du chef de
l'hôpital de réserve de Hiroshima et du commandement de la
5e division territoriale, d'augmenter l'effectif du premier
personnel envoyé et de le transformer en un détachement
organisé pour 200 malades. A la suite de cette décision, eut
lieu un nouvel envoi d'un médecin et de dix infirmières, et la
nouvelle organisation fut complétée le 19 septembre. Ainsi
donc, à la fin de septembre, deux détachements d'hôpital en
temps de guerre, organisés pour 200 malades chacun, travaillaient au service de secours de l'hôpital de réserve de
Hiroshima : l'un chargé en entier de l'annexe N° 1 et l'autre
des salles des dyssentériques et secondant en même temps
la garde des autres salles.

La dyssenterie qui régnait alors était la dyssenterie des
armées en campagne, épidémie dont la propagation est très
violente, ainsi que chacun le sait. Ce fut notre Société qui
eut la mission, pour ainsi dire exclusive, de soigner ceux qui
en furent atteints.

Le 4 octobre, arrivèrent des sous-officiers et d'autres
blessés de la bataille de Ping-yang, au nombre de plus de
soixante; ils furent internés dans l'annexe N° 1 confiée à

notre personnel de secours. C'étaient les premiers blessés évacués de Ping-yang.

Le 7 octobre, furent achevés les baraquements élevés par les soins du Ministère de la guerre sur le champ de manœuvre de Hiroshima pour servir d'hôpital. Il fut nommé « Annexe N° 1 de l'hôpital militaire de réserve de Hiroshima », et tout notre personnel résidant à Hiroshima fut désigné, le 9 octobre, pour y être attaché. En conséquence, notre détachement évacua immédiatement l'annexe établie dans l'hôpital Hakuai-bioïn et transféra ses malades dans la nouvelle construction, où arriva, de son côté, le 2° détachement qui servait dans l'hôpital principal de réserve. Le nouveau local se composait de salles de malades réparties en 25 bâtiments parallèles, dont 2 pour les affections graves et 23 pour les autres. Notre détachement fut chargé de 11 de ces bâtiments, parmi lesquels l'un de ceux destinés aux affections graves.

Notre 1er détachement, dès son arrivée à Hiroshima, avait été installé dans l'hôpital Hakuai-bioïn comme dans un établissement entièrement confié aux soins de la Société et s'y appliqua à son œuvre d'une façon indépendante pendant 62 jours. Au bout de ce temps, il dut travailler en collaboration avec le personnel du service de santé militaire et se soumettre à la direction générale du chef de l'annexe N° 1. En fait, cependant, dans les salles à lui confiées, notre personnel avait la charge du traitement des préparations pharmaceutiques, de la garde des malades et du service général, sauf les opérations chirurgicales sérieuses, auxquelles on ne pouvait procéder qu'après avoir avisé le chef de l'annexe, ces opérations pouvant entraîner des questions de récompenses ou de pensions. En outre de cette moitié du service entier de l'annexe N° 1, notre personnel envoya encore, par ordre du chef de l'hôpital de réserve, 20 infirmières à l'hôpital principal pour la garde des officiers et des malades sérieusement atteints.

Depuis lors, les malades rapatriés ne cessant d'affluer à l'hôpital de réserve de Hiroshima, l'hôpital principal et son annexe N° 1 devinrent insuffisants et trois nouvelles annexes (N° 2, 3 et 4) furent créées. Il s'en suivit que l'autorité militaire invita notre Société à renforcer son personnel. Pour répondre à ce nouvel ordre, elle s'adressa à la section locale de Kioto, la priant d'expédier le personnel qu'elle préparait à ce moment. Cette section envoya, le 5 novembre, à Hiroshima, le délégué Nishimura Shichisaburo, le médecin en chef Inoko Shikanosuké; trois médecins, un pharmacien, la surveillante d'infirmières Niijima Yaéko, vingt infirmières, deux commis et trésoriers et un huissier. Ce personnel fut chargé, dès le 7 novembre, par ordre du chef de l'hôpital de réserve, de quatre bâtiments de l'annexe N° 3 du même hôpital, destinés principalement aux maladies contagieuses. Etre attaché à un service de cette importance, était la réalisation des vœux constants de notre Société et elle en conservera un souvenir impérissable.

Sur une nouvelle demande des autorités militaires, notre Société invita, le 11 novembre, la section locale de Kioto à expédier, comme renfort, un médecin, dix infirmières et un huissier. Dès lors, le personnel de secours de la section locale de Kioto, au service de l'annexe N° 3, étant organisé pour 200 malades, on porta à six le nombre de salles à lui confiées.

Exposons l'état du service de secours de Hiroshima, au commencement de novembre 1894. Dans l'annexe N° 1 se trouvaient deux détachements organisés pour 200 malades chacun, envoyés par le siège central de la Société, et dans l'annexe N° 3 il y en avait un autre pour 200 malades envoyé par la section locale de Kioto. En outre de ces trois détachements, la Société n'en expédia aucun autre, sous forme d'organisation d'hôpital; mais, à différentes reprises, sur un ordre du chef du service des Bienfaits ou sur une notification du Directeur général du service de santé en campagne, elle fit l'envoi de membres de secours, tantôt pour combler les vides occasionnés par les maladies, les empêchements ou les changements de poste, tantôt pour renforcer les détachements, lorsque les circonstances l'exigèrent.

Lorsqu'eut lieu le premier envoi de personnel à Hiroshima, il était parti muni du matériel de santé, des robes de malades, des effets de literie, des instruments de médecine et de chirurgie et de tous autres appareils et ustensiles, et lorsqu'il fut chargé de l'annexe N° 1 de l'hôpital de réserve, la Société lui avait fourni tous les objets nécessaires à un hôpital. Mais dès qu'il travailla à l'œuvre concurremment avec le personnel de santé de l'armée, il lui fut formellement recommandé d'user des objets appartenant à l'armée et de s'abstenir d'employer ceux du personnel de secours de la Société ; mais, comme cela arrive inévitablement en temps de guerre, les provisions et le matériel firent souvent défaut. Aussi fit-on quelquefois usage des instruments et appareils ainsi que des effets de literie de notre Société ; quelquefois encore, suppléat-on à la pénurie, en recourant au commerce, pour se procurer les appareils de chauffage (chaufferettes, poêles, etc.). Lorsqu'au mois de mars de la 28ᵉ année, un grand nombre de malades devaient être envoyés dans leurs départements respectifs, notre Société, à la requête du chef de l'hôpital de réserve, fournit au service de santé de l'armée les robes de malades et les effets de literie nécessaires au transport des 500 malades par chemin de fer.

Au mois de juin de la 28ᵉ année (1895), après la paix rétablie entre le Japon et la Chine et la rentrée triomphale des troupes victorieuses dans leur patrie, le personnel de santé de l'armée pouvait désormais suffire à la besogne et le licenciement du personnel de secours fut décidé. A la suite d'un ordre de l'autorité compétente du 17 juin, le personnel de la section locale de Kioto évacua l'annexe N° 3 et cessa ses travaux.

La durée de son service militaire, depuis le 7 novembre de la 27ᵉ année, avait donc été de huit grands mois ; le nombre du personnel qui y prit part fut de 70 personnes et celui des malades soignés de 1.757.

Par ordre de l'Intendance du service de secours volontaire

du 21 juin 1895, la plus grande partie du personnel de secours de notre Société à Hiroshima fut relevée de son service
de l'annexe N° 1 ; mais le reste continua, pendant un mois
encore, ses fonctions, qui cessèrent définitivement le 31 juillet
par la remise des affaires de l'hôpital entre les mains du personnel du service médical militaire. Il s'était écoulé 357 jours
depuis le moment où notre personnel avait commencé ses
travaux de secours dans l'hôpital Hakuaï-bioïn. Les malades
soignés dans cet intervalle furent au nombre de 3.331 ; le personnel de secours, au nombre de 212.

Additionnant le personnel du siège central de la Société et
celui de la section locale de Kioto, on obtient le chiffre de 282
personnes ; les malades soignés par eux s'élèvent au nombre
de 5.088.

Les infirmières furent fournies non-seulement par le siège
central de la Société et par la section locale de Kioto, mais
encore par celles d'Osaka (1 infirmière), d'Okayama (22), de
Hiroshima (42), de Kagawa (2), d'Ehimé (1), de Tokushima (10),
de Yamaguchi (10), de Shimané (3), de Nagasaki (8), de Kumamoto (4) et par le comité départemental de Kagoshima
(4); soit 11 sections locales et 108 infirmières.

En ce qui concerne le service de l'hôpital militaire de réserve de Hiroshima, le fait le plus remarquable n'était pas
tant la bonne administration et la bonne direction du délégué
et des médecins en chef, ni le zèle et l'empressement des
médecins, des pharmaciens et du personnel administratif à
accomplir leur devoir, que la modestie et la bonté des infirmières et la pratique des principes de charité dont elles étaient
animées, à l'égard des militaires. Lorsqu'au mois d'août 1894,
le personnel de secours fut, pour la première fois, expédié
à Hiroshima, tout était à l'état rudimentaire ; notre Société,
afin d'éviter toute omission, défaut ou erreur, ne procédait à
rien avant d'avoir mûrement médité et avoir pris toutes les
précautions nécessaires. En ce qui touche spécialement à
l'envoi de femmes pour la garde dans les hôpitaux militaires,
c'était un fait tout nouveau au Japon et qui causait une

grande appréhension dans toutes les classes de la société. Très heureusement, la bonne direction des délégués, des médecins, des surveillantes d'infirmières et la surveillance efficace qu'ils exerçaient aussi bien que la fidélité des infirmières au devoir firent disparaître la méfiance du public ; elles devinrent même l'objet d'éloges de la part des autorités. Si, depuis lors, notre Société ne cessa de recevoir des demandes d'envoi d'infirmières dans les hôpitaux militaires de réserve des différentes localités, c'est qu'on avait apprécié infiniment la manière dont les premières envoyées avaient admirablement rempli leur mission. Ce succès, on le doit, sans nul doute, en grande partie à Mme la vicomtesse Niré, femme du vice-amiral, qui paya de sa personne ; on le doit aussi aux dames du secours volontaire des sections locales de Tokushima, Kagawa, Hiroshima, Yamaguchi, etc., qui, toutes, étaient ou femmes de gouverneurs ou autres hauts fonctionnaires, ou filles de notabilités du commerce ou de la finance, et qui, malgré leurs habitudes de vie délicate, ont bien voulu s'offrir si courageusement, au premier appel de la Société, pour s'appliquer à cette tâche. Nous saisissons aussi l'occasion de remercier vivement l'hospice de charité de Tokio d'avoir bien voulu mettre ses infirmières à la disposition de notre service de secours de Hiroshima.

Nous avons dit plus haut que, depuis la prise de possession du service dans l'annexe N° 1 de l'hôpital de réserve par le personnel de secours de notre Société, celui-ci envoyait tous les jours ses infirmières pour la garde des salles d'officiers de l'hôpital principal. C'était un personnel hors cadre de ce dernier hôpital, mais envoyé sur la demande du médecin en chef de la division d'armée et du chef de l'hôpital de réserve. A ce moment, les infirmiers militaires expérimentés avaient été dirigés pour la plupart sur le théâtre de la guerre ; il n'était resté pour le service de l'hôpital de réserve que des engagés temporaires, ce qui motiva cette demande de nos infirmières. Celles-ci, par leur obéissance stricte aux ordres de l'autorité médicale et par la bienveillance particulière qu'elles témoignaient à l'égard des malades, devinrent l'objet de louanges non-seulement de ces derniers, mais encore des médecins, et, jusqu'à la fin de la mission, plus de 20 infirmières furent fournies chaque jour. Ceci est encore une preuve de la capacité de nos infirmières et de leur utilité dans les hôpitaux militaires.

Nous avons dit précédemment que les membres du personnel de notre Société, durant leur mission à Hiroshima, étaient chargés des maladies contagieuses. Plus de dix d'entre eux furent atteints de la dyssenterie, du typhus ou du choléra, et même une infirmière du Comité départemental de Kagoshima et trois de la Section locale de Kioto, envoyées par notre Société, succombèrent victimes de leur devoir. Le dévouement et l'abnégation avec lesquels ces infirmières, avec leur constitution si frêle, ont servi dans les hôpitaux militaires, ne sauraient jamais être assez reconnus. Elles ont donné une preuve indéniable que c'est le trop grand zèle à remplir leur mission qui leur a fait oublier leur propre personne. Leur fin est sans doute bien triste, mais les services qu'elles ont rendus resteront immortels, mettant en évidence qu'elles ont été martyres de leur devoir.

Non-seulement les détachements de notre Société servirent dans l'hôpital militaire de réserve de Hiroshima ; mais, dans trois circonstances particulières, elle expédia, d'après un commandement du quartier général ou d'après un ordre de S. M. l'Impératrice, des infirmières en d'autres localités. Ce n'était pas, il est vrai, un service en temps de guerre ; mais nous en faisons mention, vu l'importance du fait.

Dans le courant de janvier de la 28e année, alors que Son Altesse Impériale le prince Arisugawa était malade à Maïko, dans la province de Settsu, le grand quartier général donna au délégué général l'ordre d'y expédier de Hiroshima des infirmières de la Société par la garde de l'illustre maréchal de l'Empire. Les deux infirmières, Okubo Kën et Hara Yoshi, furent désignées pour cette mission.

Lorsque le plénipotentiaire chinois Li-Hong-Chang fut

blessé par un fanatique à Shimonoseki, dans le courant de la même année, les infirmières Yimaï Waka et Hayashi Ei furent désignées sur un nouvel ordre du grand quartier général pour la garde de ce haut personnage.

Au mois d'avril de la même année, le ministre des affaires étrangères, M. Mutsu, qui séjournait à Shimonoseki comme plénipotentiaire japonais chargé des négociations en vue du rétablissement de la paix, tomba malade. Sa Majesté l'Impératrice voulut que des infirmières fussent envoyées pour sa garde et Makino Masa et Kamiyama Kiyo furent désignées pour cette mission.

Un fait qui intéresse le service de secours de l'hôpital militaire de réserve de Hiroshima et qui mérite une mention toute spéciale est la visite de S. M. l'Impératrice dans l'hôpital. La magnanimité et la bienveillance si grandes et si élevées de S. M. l'Impératrice, dont les bienfaits s'étendent à toute la nation, et la noblesse et la dignité de sa conduite qui attirent le respect des nationaux et des étrangers, sont trop connues pour que nous en fassions ici l'éloge. C'est surtout l'estime et la sympathie que l'auguste souveraine témoigne à l'égard des militaires et la sollicitude si profonde dont elle honore notre Société qui inspirent la reconnaissance la plus profonde et causent une si vive émotion, que tous aimeraient à sacrifier leur vie pour la famille impériale. La visite de S. M. l'Impératrice à l'hôpital de réserve de Hiroshima étant un fait qui intéresse beaucoup les travaux de notre Société, nous ne pouvons négliger de lui consacrer quelques lignes. C'est le 24 mars de la 28e année (1896), à 2 heures de l'après-midi, que Sa Majesté sortit de son palais provisoire de Hiroshima pour se rendre à l'annexe N° 1 de l'hôpital de réserve desservie par notre personnel de secours et y porter des consolations aux malades. Le même jour, avant l'arrivée de Sa Majesté, toutes les salles de l'hôpital avaient été bien nettoyées et les malades, prévenus de la visite de la souveraine, avaient été invités à garder une tenue correcte et le silence le plus parfait. A l'approche du moment

de l'arrivée, le directeur général du service de santé en campagne, le commandant de la 5ᵉ division territoriale et son
chef d'état-major, le chef du service médical de la même
division, le chef de l'annexe Nᵃ 1 et tous les autres médecins
militaires de l'hôpital de réserve, le délégué général de la
Société japonaise de la Croix-Rouge, etc., se tenaient dans
la cour, à l'entrée du bâtiment. Guidée par le chef de l'hôpital, l'Impératrice arriva à la pièce qui lui avait été préparée.
Pendant le temps de repos qu'elle y prit, elle daigna admettre en audience le chef de l'annexe et le délégué général, et
les honora de la parole suivante : « *J'apprécie la peine que
vous vous donnez depuis longtemps.* » Après quoi, elle se
mit à faire le tour de chacune des salles, et s'arrêtant au
chevet des malades, elle adressa à chacun des paroles de
consolation. Tous étaient vivement touchés. Arrivée aux
salles confiées à notre personnel, elle admit en audience, sur
son passage, le médecin en chef et la surveillante des infirmières ainsi que trois autres infirmières volontaires d'une
haute condition sociale. Le directeur général du service de
santé en campagne fit savoir au personnel de secours que
Sa Majesté lui adressait cette parole : « *Je n'ignore pas les
fatigues que vous vous imposez tous depuis longtemps ;
je vous prie de persévérer dans votre grande œuvre de
dévouement.* »

Le 26 mars, l'Impératrice honora de sa visite l'annexe
Nᵒ 3 servie par le personnel de la section locale de Kioto.
Elle eut lieu dans les mêmes conditions que lors de sa visite
à l'annexe Nᵒ 1.

II. — SERVICE DE SECOURS A L'HÔPITAL DE RÉSERVE DE TOKIO.

Le 12 septembre de la 27ᵉ année (1894), notre Société
adressa au chef du service des Bienfaits une demande tendant à affecter l'hôpital de la Société japonaise de la Croix-
Rouge à Aoyama (Tokio), à l'usage d'un hôpital de réserve.
Cette proposition fut agréée. Au milieu du mois d'octobre,
la 1ʳᵉ division territoriale avisa notre Société que le service

de secours des prisonniers chinois allait lui être confié et que tout ce qui s'y rattache, à savoir : le traitement des malades, la garde, les effets d'habillement, les vivres, serait laissé à la charge de la Société, à partir du moment de son admission dans son hôpital. Comme il en est question ailleurs, au chapitre du *Service de secours aux prisonniers*, nous n'y reviendrons pas ici.

L'hôpital de la Société japonaise de la Croix-Rouge ayant ainsi été affecté à un hôpital de réserve, il y avait à craindre l'insuffisance des salles de malades, dès que la décision serait mise à exécution. En conséquence, on résolut de construire un bâtiment provisoire : à cet effet, l'on s'adressa, le 27 septembre, à la direction des domaines impériaux du ministère de la maison de l'Empereur pour louer un terrain d'une superficie de 4.465 tsubo, contigu à l'hôpital. L'emplacement de l'hôpital provisoire ainsi déterminé, l'on demanda cette fois à la direction des constructions du ministère de la maison de l'Empereur pour obtenir la cession des matériaux d'un bâtiment qui avait servi d'imprimerie à la direction du *Journal officiel*. Après ces démarches, on commença l'érection d'un bâtiment destiné à devenir l'hôpital provisoire. Le 10 décembre, les travaux de construction furent achevés. Le bâtiment, d'une superficie de 427 tsubo, était divisé en salles de malades, salles de consultation, laboratoire pharmaceutique, cabinet d'opérations chirurgicales, chambres d'infirmières, etc.; il pouvait contenir 150 malades.

Dans l'hôpital militaire de réserve de Tokio affluaient, de jour en jour, les malades rapatriés du théâtre de la guerre, auxquels venaient s'ajouter quotidiennement les malades des casernes voisines. En présence de cet état de choses, l'hôpital principal seul ne pouvant plus suffire à recevoir les malades, les annexes Nᵒˢ 1 et 2 furent créées pour y suppléer. Mais un nouveau besoin s'étant fait sentir, le 12 janvier 1895, d'augmenter encore le nombre des salles de malades, le chef du service des Bienfaits donna à notre Société l'ordre de convertir l'hôpital provisoire accessoire de l'hôpital de la Société de la Croix-Rouge du Japon en annexe N° 3 de l'hôpital militaire de réserve de Tokio. Par le même ordre, notre Société fut chargée du traitement, de la garde et de tout ce qui concerne la personne des malades. La Société procéda, le 21 janvier, à la nomination du médecin en chef, Nanba Hajimé, et d'un autre médecin, d'un pharmacien, d'un trésorier et de 21 infirmières. Le service de secours inauguré dès le même jour, les malades rapatriés du théâtre de la guerre et les malades du ressort de la division territoriale furent admis dans l'annexe N° 3 en question, désignée dès lors « salle 32 » suivant l'ordre numérique des salles de l'hôpital de réserve. L'autorité militaire expédia un personnel composé d'un médecin militaire de 3° classe, d'un infirmier en chef et de quelques personnes pour la surveillance des malades.

Mais les malades continuant à affluer de jour en jour, notre bâtiment provisoire ne pouvait déjà plus en admettre, moins de 10 jours après son ouverture. On dut encore affecter aux salles de malades une dépendance de l'hôpital de la Société (qui existait auparavant). En présence de cette situation, notre Société expédia, après en avoir obtenu l'autorisation du service des Bienfaits, un supplément de deux médecins et de vingt infirmières. C'était le 12 février.

Depuis lors, les malades continuant toujours à être envoyés dans notre annexe N° 3, les salles devinrent encore trop étroites. En conséquence, le Ministère de la guerre fit élever plusieurs baraquements d'hôpital sur le terrain voisin de celui sur lequel était construit le nôtre (terrain emprunté par notre Société à la direction des domaines impériaux du ministère de la maison de l'Empereur). Au commencement de mars, le nombre de ces hôpitaux-baraques s'éleva à 5 et ils furent numérotés de « salle 34 à salle 38 ». Par suite de l'augmentation des salles et de l'affluence des malades, notre Société expédia encore, après en avoir obtenu l'autorisation du service des Bienfaits, un supplément de personnel composé de trois médecins, le médecin en chef Konishi Isawo compris, d'un pharmacien et de 40 infirmières. C'était le 16 mars.

Déjà auparavant, notre Société, en prévision d'un besoin futur d'infirmières plus nombreuses, s'adressa aux sections locales pour faire un appel à leurs infirmières. 20 infirmières volontaires de la section locale du Hokkaïdo et 10 de celle de Hiogo étant arrivées à Tokio au commencement de mars, on les attacha à des salles pour l'apprentissage de la garde des malades. Les dernières infirmières expédiées furent prises parmi celles qui avaient été fournies par ces deux sections locales et par celles de l'hôpital de notre Société.

Depuis lors, le Ministère de la guerre ayant continué à construire de nouvelles salles en planches sur le terrain loué par notre Société, les bâtiments construits par ses soins s'élevèrent au nombre de 20, au commencement de mai. En prévision, notre Société prit la précaution de convoquer d'avance des infirmières fournies par les sections locales de Hiogo, Gumma, Shimané, Nagano, Yamaguchi, Ishikawa, Nagasaki et Miyagui et celles de l'association des dames de Takasaki (c'était une union des familles d'officiers du 15ᵉ régiment, dépendant de la section locale de Gumma), et de les soumettre à l'apprentissage du service des infirmières pour les employer à la garde, toutes les fois que l'on aurait besoin de leur concours et suivant les ordres de l'autorité compétente. Surtout, à partir du 5 mai, Mᵐᵉ la marquise Nabéshima et 16 autres dames, associées de l'œuvre des infirmières volontaires de notre Société, s'appliquèrent elles-mêmes alternativement à la garde des malades et des blessés.

Le 30 juin 1895, notre personnel de secours fut relevé de sa mission, par ordre du chef du service des Bienfaits. Il remit, le jour même, son service de l'annexe Nº 3 au nouveau chef de l'annexe, le médecin-major Tateyama, et ainsi prirent fin ses travaux, dans cette annexe de l'hôpital militaire de réserve de Tokio. Il s'était écoulé six mois depuis l'ouverture de l'annexe Nº 3 jusqu'à la cessation des travaux de notre personnel; la durée du service fut de 161 jours et les malades et les blessés soignés au nombre de 2.107 personnes.

En ce qui concerne le service de secours dans l'annexe N° 3 de l'hôpital militaire de réserve de Tokio, tous les travaux de l'hôpital ont été entièrement confiés à notre personnel depuis le commencement jusqu'à la fin. C'est sur ce point que son service dans cet hôpital différait de celui qu'il remplissait dans les autres hôpitaux de réserve. Dès le mois d'avril, le nombre des salles s'étant accru jusqu'au-delà de 20 bâtiments et plus de 700 malades séjournant habituellement dans l'hôpital, les affaires étaient devenues, bien entendu, excessivement surchargées et pressantes et, par suite, le personnel attaché au service de secours était devenu également très nombreux et compta jusqu'à 280 personnes. Il comprenait: les médecins en chef, Nanba Hajimé et Konishi Isawo, 18 médecins, 5 pharmaciens, 2 trésoriers, 253 infirmières, Mmes la marquise Nabeshima et d'autres dames du comité, des infirmières de secours volontaire de notre Société et autres infirmières du siège central et des différentes sections locales. Ces infirmières se composaient comme suit: Membres du Comité des dames de secours volontaire de notre Société, 16; infirmières préparées par notre Société, 60; infirmières volontaires de la section locale du Hokkaïdo, 21; Gumma, 26; membres des familles d'officiers associées de Takasaki, 8; Hiogo, 33; Shimané, 31; Nagano, 11; Yamaguchi, 11; Ishikawa, 17; Nagasaki, 12; Miyagui, 7.

Un fait sur lequel nous sommes tenus de dire un mot, c'est la conduite des membres du Comité des dames de secours volontaire de notre Société qui, appartenant à la famille impériale ou à la noblesse, se sont inspirées si hautement du but que la Société se propose et ont mis en application leurs sentiments de sympathie et d'estime à l'égard des militaires malades ou blessés. Le 14 mai de la 28e année, Leurs Altesses Impériales la princesse Komatsu-no-miya Yoriko, administratrice en chef du Comité des dames de secours volontaire de la Société, la princesse Fushimi-no-miya Toshiko, la princesse Kitashirakawa-no-miya Tomiko, la princesse Kwacho-no-miya Ikuko, la princesse Kuni-no-miya Eiko, la princesse Kanin-no-miya Chiéko, la princesse Komatsu-no-miya Ya-yeko, accompagnées de plus de 10 autres associées, vinrent visiter les hospitalisés et leur distribuer des cadeaux. Mmes la comtesse Ogasawara Jounko, Mme la vicomtesse Tanaka Iyoko, Mme la vicomtesse Uramatsu, Chiyoko et d'autres, au nombre de 16, ont même donné un magnifique exemple en restant attachées au service de secours pendant toute sa durée.

III. — SERVICE DE SECOURS A L'HÔPITAL MILITAIRE DE RÉSERVE DE MATSUYAMA.

Le 8 janvier de la 28e année (1895), notre Société ayant reçu du chef du service des Bienfaits l'ordre d'expédier notre personnel de secours à l'hôpital militaire de Matsuyama, elle pria la section locale d'Ehimé d'y envoyer son personnel. Celle-ci s'empressa d'envoyer à cet hôpital, le 10 janvier, ses médecins, pharmaciens et infirmières, qui, dès lors, se chargèrent de trois salles de malades ordinaires et d'une salle de malades graves dans l'annexe N° 2 dudit hôpital. D'un autre côté, comme il n'y avait pas de médecins internes dans cette annexe, des médecins de veille de la section locale furent très souvent, en cas d'urgence, appelés à donner des consultations aux malades de l'annexe tout entière. Il arriva quelquefois à ces médecins de servir pendant plusieurs jours consécutifs dans les cabinets d'opérations chirurgicales de l'hôpital principal ; car, quoiqu'il existât un cabinet d'opérations chirurgicales dans les bâtiments dont étaient chargés les médecins de la section locale, le règlement de l'hôpital exigeait que toute opération d'une certaine gravité fût effectuée dans le cabinet destiné au même usage dans l'hôpital principal.

Le personnel de la section locale resta en fonction plusieurs mois : depuis le 10 janvier jusqu'au 30 juin de la même année, jour où son service prit fin sur un ordre de l'autorité militaire. La durée de ce service fut de 172 jours et le personnel de la section locale qui y fut attaché se composait du médecin en chef provisoire Takahashi Tsunémaro, de 2 médecins, de 1 pharmacien et de 28 infirmières. Les malades soignés par ce personnel furent au nombre de 371, tous de nationalité japonaise.

Quant à l'issue des malades sus-mentionnés, 128 sortirent de l'hôpital après complète guérison; 17 le firent pour certaines causes personnelles; 128 furent transférés des salles confiées à la section locale à d'autres salles; 2 furent autorisés à rentrer dans leur province et à s'y soigner; 45 regagnèrent leurs foyers; 3 moururent; enfin, 5 furent remis, en cours de traitement, à l'autorité médicale de l'armée, au moment de l'évacuation.

Parmi les malades soignés, le plus grand nombre était atteint de blessures par armes à feu, de brûlures par le froid, du béri-béri et de la dyssenterie; et, parmi ceux qui subirent des opérations chirurgicales, le plus grand nombre étaient des blessés par armes à feu, atteints à la fois aux os et aux intestins, et les gens brûlés par le froid, dont les doigts ou les pieds étaient abîmés. Ces blessés ou ces brûlés, même avant d'être envoyés à l'hôpital de réserve de Matsuyama, avaient subi des opérations, mais le personnel de la section locale pratiqua de nouvelles opérations sur plus de 50 personnes.

IV. — Service de secours aux hôpitaux militaires de réserve de Nagoya et de Toyohashi.

Le 23 février de la 28ᵉ année (1895), notre Société reçut l'ordre d'envoyer un personnel aux hôpitaux de réserve de Nagoya et de Toyohashi. Elle invita, en conséquence, la section locale de Nagoya à se conformer à cet ordre. Celle-ci envoya, à l'hôpital de réserve de Nagoya, ses médecins, trésoriers, commis, infirmières, huissiers qui se chargèrent du traitement et de la garde des salles 1 à 6 dudit hôpital. C'était le 28 février. Dans la salle nº 1, furent admis des blessés et des malades rapatriés du théâtre de la guerre et des militaires malades de la 3ᵉ division territoriale dont l'état exigea des opérations chirurgicales, et dans la salle nº 6, les malades graves de cette même division.

Le personnel de secours de la section locale se rendit tous les jours à l'hôpital et y remplit son service pendant plus de deux mois. Vers le mois de mai, les blessés et les malades rapatriés du théâtre de la guerre augmentant de jour en jour, notre personnel fut chargé, en plus de la garde, des salles 2 et 3 de l'hôpital. La première était réservée aux maladies internes graves et la seconde aux maladies externes, dans les mêmes conditions qu'il était chargé des salles 1 et 6.

Par suite de cette augmentation du nombre des salles et des malades dont elle devait se charger, la section locale dut, le 20 mai, expédier un renfort d'infirmières pour que le traitement et la garde ne laissassent rien à désirer. Mais dès que le personnel du service médical militaire fut revenu en nombre plus considérable, notre personnel cessa son service, le 25 juin, par ordre de l'autorité compétente.

Depuis sa prise de possession du service de l'hôpital, le 28 février, jusqu'à sa remise, il s'écoula 118 jours, et le personnel de la section locale qui y participa fut de 37 personnes qui se décomposaient, selon leurs attributions, en un médecin chef, Kumagaé Kônosuké, 1 médecin, une surveillante générale d'infirmières, Mᵐᵉ Osako, femme du général, 3 surveillantes, 3 commis-trésoriers et 28 infirmières. Quant aux malades traités, ils furent au nombre de 377, dont 281 blessés et 96 malades. Sur ce nombre, un, malheureusement, mourut; 59 se retirèrent de l'hôpital après complète guérison; 171, presque guéris, furent transférés dans les salles de convalescence de l'hôpital ou renvoyés aux hôpitaux militaires de réserve de Kanazawa, Toyohashi, etc., leur état ne nécessitant plus leur présence à l'hôpital; 10, à moitié guéris, se retirèrent de l'hôpital après avoir obtenu l'autorisation de regagner leurs foyers pour se soigner eux-mêmes et 136 étaient en traitement.

A Toyohashi, comme à Nagoya, sont situés les hôpitaux militaires de la 3ᵉ division qui furent convertis, pendant la guerre, en hôpitaux de réserve. Sur la demande de la Société et d'après les instructions du chef du service des Bienfaits, la section locale de Nagoya envoya, le 22 mars, 1 médecin et 5 infirmiers à l'hôpital militaire de réserve de Toyohashi. Sur l'ordre du chef de l'hôpital, ce personnel prodigua ses soins aux malades des salles 1, 2, 6, 20 et 21 de la 1ʳᵉ section de l'hôpital. La section locale envoya encore l'huissier (homme de service), sur la demande du chef de l'hôpital de Toyohashi, pour divers travaux. Les conditions dans lesquelles le service s'effectuait étaient presque les mêmes qu'à Nagoya : toutefois, tandis que les médecins veillaient la nuit alternativement avec ceux du service médical militaire, le personnel administratif et les infirmières ne prenaient leurs fonctions que dans la journée. Le 18 mai, un renfort de 5 infirmières fut encore expédié, sur l'ordre du chef de l'hôpital de réserve, pour la garde des malades qui étaient rapatriés du théâtre de la guerre en plus grand nombre. Le 25 juin, le personnel de secours fut relevé de sa mission par ordre de l'autorité compétente et cessa ses travaux, après 96 jours de service ; il en avait pris possession le 22 mars.

Les malades que le personnel de la section locale eut, dans cet intervalle, à soigner à Toyohashi, furent au nombre de 181, dont 159 blessés et malades, rapatriés du théâtre de la guerre, et 22 venant de la 3ᵉ division territoriale. Ils appartenaient tous à l'infanterie.

De ces malades, 42 se retirèrent de l'hôpital après complète guérison ; 45, presque complètement guéris, furent transférés des salles confiées à notre personnel aux salles de convalescence ; 10 furent autorisés à regagner leur patrie et à s'y soigner ; enfin, 84 étaient en traitement, au moment de la remise.

Le personnel de la section locale qui s'appliqua au service

de l'hôpital de réserve de Toyohashi fut de 16 membres qui se composaient d'un médecin en chef, Kumagaé Konosuké, de 2 médecins, de 2 commis-trésoriers, d'une surveillante générale d'infirmières, madame Satô, la femme du colonel, d'une surveillante et de 9 infirmières.

Les deux hôpitaux militaires de réserve de Nagoya et de Toyohashi se trouvant à proximité l'un de l'autre et étant tous les deux confiés aux soins de la section locale de Nagoya, le médecin en chef et le personnel administratif cumulèrent leurs fonctions pour ces deux endroits. C'est pourquoi le nombre effectif du personnel qui servit dans ces deux hôpitaux fut seulement de 48. La section locale de Nagoya s'occupa en même temps du traitement des prisonniers à Nagoya et à Toyohashi, et dans cette branche de service même, le médecin en chef et le personnel administratif cumulèrent leurs fonctions.

V. — Service de secours a l'hôpital militaire de réserve de Kumamoto.

Le 28 février de la 28ᵉ année (1895), le chef du service des Bienfaits ordonna à notre Société d'expédier de nouveau, au même hôpital, 3 médecins et 23 infirmières. Notre Société eut encore recours cette fois à la section locale de Kumamoto, l'invitant à envoyer ses médecins et ses infirmières au nombre de 8 et invita celle de Kagoshima à envoyer 15 de ses infirmières pour participer à l'œuvre de secours, concurremment avec le personnel de la section locale de Kumamoto. A partir du 20 avril, les médecins et les infirmières sus-mentionnés commencèrent le service à l'hôpital de réserve.

Depuis lors, ils restèrent en fonctions 65 jours, c'est-à-dire jusqu'au 23 juin. Vers cette époque, les malades diminuant peu à peu et notre personnel n'étant plus nécessaire, l'autorité compétente le releva de ses fonctions. Il remit ses malades qui restaient entre les mains de l'autorité médicale de l'armée et le service de secours à l'hôpital de réserve de Kumamoto prit fin.

Le service de secours dans cet hôpital dura 199 jours, depuis le 7 mars, jour de l'envoi des premières infirmières, jusqu'au 23 juin, jour de la cessation du service. Le personnel comprenait 49 personnes : un médecin en chef, Kiyosaki Tamotsu, 2 médecins et 46 infirmières.

Un mot des conditions dans lesquelles le service s'effectua. Depuis le 7 mars jusqu'au 20 avril, il n'y eut que des infirmières employées et elles faisaient seulement la garde; aucun fait saillant ne se produisit. Mais, à partir du 20 avril, jour où un des médecins fut envoyé avec un renfort d'infirmières, notre personnel se livra à la fois au traitement et à la garde.

L'hôpital militaire de réserve de Kumamoto se composait d'un hôpital principal et d'une annexe. Le premier contenait 10 salles de malades (celle des maladies contagieuses et des fous comprise), tandis que, dans l'annexe, il y en avait 11. Nos médecins furent chargés, du 21 avril au 23 mai, de la salle n° 1 du 1ᵉʳ étage et des salles 5 et 6 du rez-de-chaussée de l'hôpital principal, et du 23 mai au 23 juin, des salles 1, 3, 7 et 9 de l'annexe. Quant aux infirmières, elles furent chargées de tout le service de la garde des salles 3, 5, 7, 2, 4 et 6. Notre personnel de secours eut ainsi dans ses mains, dans la période sus-mentionnée, et le traitement et la garde du plus grand nombre des malades de l'hôpital de réserve de Kumamoto.

Les malades auxquels le personnel de la section locale donna des soins furent au nombre de 849, dont 248 blessés et 601 malades. L'issue de ces maladies fut la suivante : 346 se retirèrent après complète guérison; 17 le firent pour certaines raisons personnelles; 286, avant complète guérison, furent transférés dans des salles autres que celles confiées à notre personnel; 7 moururent; enfin, 193 étaient en traitement au moment de l'évacuation de notre personnel.

VI. — SERVICE DE SECOURS A L'HÔPITAL MILITAIRE DE RÉSERVE DE KOKURA.

Sur un ordre du chef du service des Bienfaits, du 3 mars de la 28ᵉ année (1895), des infirmières de la section locale de Fukuoka furent envoyées, le 10 mars, à l'hôpital militaire de réserve de Kokura pour la garde des malades. Le 20 juin, elles furent relevées de leur mission ; 20 infirmières se livrèrent à l'œuvre pendant 102 jours : une appartient au siége central de la Société et 19 à la section locale de Fukuoka.

VII. — SERVICE DE SECOURS A L'HÔPITAL MILITAIRE DE RÉSERVE DE FUKUOKA.

La section locale de Fukuoka envoya des infirmières à l'hôpital de réserve de Fukuoka, le 20 mars de la 28ᵉ année (1895), pour la garde des malades. Elles furent relevées, le 5 juillet, de leur mission qui dura 102 jours ; elles étaient au nombre de 11, dont 2 de la section locale de Nagasaki et 9 de celle de Fukuoka.

VIII. — SERVICE DE SECOURS A L'HÔPITAL MILITAIRE DE RÉSERVE DE MARUGAMÉ.

Au reçu d'un ordre daté du 6 mai de la 28ᵉ année (1895) d'envoyer des infirmières à l'hôpital militaire de réserve de Marugamé, notre Société invita la section locale de Kagawa à en assurer l'exécution. Ce qui fut fait le 12 mai. Le détachement fut relevé de sa mission le 30 juin, après un service de 50 jours. Le nombre des infirmières était de 19, dont une formée par la Société centrale ; les 18 autres se composaient de volontaires et d'infirmières formées par la section locale.

IX. — SERVICE DE SECOURS A L'HÔPITAL MILITAIRE DE RÉSERVE DE SENDAÏ.

Le 11 mai de la 28ᵉ année (1895), le chef du service des Bienfaits donna à notre Société l'ordre d'envoyer à l'hôpital

de réserve de Sendaï 4 médecins et 23 infirmières. Notre Société
écrivit à la section locale de Miyagui pour l'inviter à choisir le nombre indiqué parmi le personnel formé par elle.
Après entente avec le chef de l'hôpital de réserve, la section
locale expédia, le 20 mai, 3 médecins et 22 infirmières qui
furent chargés du service de la salle n° 1 (salle des officiers)
et de la salle n° 2 (salle des sous-officiers et des soldats).
Pour la salle n° 1, la garde seule des malades fut confiée à
nos infirmières ; mais, pour la salle n° 2, notre personnel fut
chargé de tout le service, traitement et garde. Plus tard, le
21 juin, la salle n° 4 (salle des sous-officiers et des soldats)
ayant été ajoutée à ce qui nous était confié, le détachement
fut renforcé d'un médecin. Depuis lors, le personnel de secours de la section locale, tout en se livrant, comme fonction
principale, au service tout entier des salles n°s 2 et 4 et à la
garde des malades de la salle n° 1 seulement, seconda en
même temps les pansements dans l'hôpital et confectionna
des bandages de toutes dimensions.

Le service que la Société exécuta à l'hôpital de réserve de
Sendaï et qui fut le dernier de nos travaux dans les hôpitaux
de réserve, dura jusqu'après le rétablissement de l'ordre à
Formose. Aux malades et aux blessés de la guerre sino-
japonaise venaient s'ajouter ceux de l'expédition de Formose,
de sorte que le service y fut très souvent fort chargé.

Le 31 décembre, nous cessâmes nos travaux dans cet hôpital, par ordre de l'autorité compétente. Le service dura 228
jours, c'est-à-dire 8 mois. Le personnel qui se livra à l'œuvre,
durant cet intervalle, se composa de 4 médecins, d'un administrateur et de 36 infirmières, soit, en tout : 41 membres.

Les malades soignés s'élevèrent au nombre de 465, dont
l'issue fut la suivante : 108 se retirèrent après complète
guérison ; 20 se retirèrent pour des causes personnelles ;
145 furent envoyés à des sanatorium ; 101, transférés à
d'autres salles ; 13 moururent et 78 restaient en traitement
au moment de l'évacuation du personnel de secours.

CHAPITRE X.

Service de secours aux prisonniers chinois.

Dès le commencement de la guerre sino-japonaise, un nombre considérable de soldats chinois se rendirent volontairement à nos troupes ou furent faits prisonniers par elles. Envoyés sous escorte au Japon, ils furent confiés à la garde des divisions territoriales. Leur nombre s'éleva à plusieurs milliers.

Le gouvernement japonais, prenant en considération le principe sur lequel notre Société est fondée et qui est de jouer le rôle de *neutre* par rapport aux belligérants, se bornant à porter secours à tous les hommes de guerre, sans distinction de partis, nous confia la mission de donner des soins aux prisonniers chinois malades ou blessés, détenus dans l'intérieur de l'Empire. Notre Société accepta cette mission très volontiers ; elle était désireuse de montrer aux Chinois, qui sont encore étrangers à la Convention de la Croix-Rouge, et le but qu'elle se propose et les sentiments philanthropiques des Japonais. Aussi les prisonniers qui lui furent confiés furent-ils de sa part l'objet des soins les plus empressés et les plus dévoués.

Pour venir au secours de ces prisonniers, notre Société établit quatre services de secours : l'un à Tokio, à l'hôpital même de la Société de la Croix-Rouge ; deux autres à Nagoya et à Toyohashi, sous la direction du comité local de cette première ville, et un quatrième à Osaka, dans les bâtiments de la deuxième annexe de l'hôpital militaire de réserve, sous les soins du Comité local. Ces services de secours commencèrent à fonctionner le 15 octobre de la 27ᵉ année de Meiji (1894). Ils cessèrent : pour celui de Tokio, le 20 janvier de la 28ᵉ année, et, pour les autres, le 11 août de la même année, c'est-à-dire la veille du départ des prisonniers pour leur patrie. Le nombre des soldats chinois soignés dans cet intervalle fut de 1.449; le personnel affecté à ces services ne comprenait pas moins de 68 personnes. Nous allons donner quelques explications sur le fonctionnement de chacun de ces services.

I. — SERVICE DE SECOURS AUX PRISONNIERS CHINOIS, A TOKIO.

Aussitôt que le commandant de la 1re division territoriale eut reçu la nouvelle que des prisonniers allaient lui être envoyés, il prévint notre Société qu'il confierait à ses soins ceux d'entre eux qui seraient ou blessés ou malades. Après entente avec cet officier supérieur et le chef de l'hôpital militaire de réserve de Tokio, le Comité central décida d'admettre ces prisonniers dans l'hôpital de la Société de la Croix-Rouge du Japon et de subvenir à toutes les dépenses au moyen de ses propres ressources. A cet effet, les logements des élèves-infirmières dépendant de l'hôpital furent convertis en salles de malades, et on y fit tous les aménagements nécessaires pour leur nouvelle destination.

Le 16 octobre 1894, les prisonniers qui devaient être placés sous la garde de la 1re division territoriale arrivèrent à la gare de Shinbashi. Sur le lieu même, l'autorité remit au personnel de notre hôpital 55 prisonniers, qui furent déposés provisoirement sous des tentes dressées, à cet effet, dans la gare, par les soins de la Société. On procéda ensuite au transport. Les malades les plus sérieux furent placés sur des brancards et les autres dans des voitures à bras et dirigés, sous escorte d'agents de police et de gendarmes, sur l'hôpital de la Société où l'on arriva à midi. L'hôpital resta ouvert pendant 97 jours. Pendant ce laps de temps, les prisonniers furent soignés, et ils n'étaient rendus à l'autorité militaire qu'après guérison complète. Le 20 janvier 1895, le dernier malade sortit, et le service prit fin. La Société avait pris à sa charge tous les frais occasionnés pour le traitement des malades, depuis leur admission jusqu'à leur sortie de l'hôpital. Elle leur fournissait les vêtements, la literie, la nourriture, les médicaments, etc. En ce point, ce service de secours diffère de celui des autres localités. Le nombre des hospitalisés fut de 55, dont 52 blessés et 3 malades. Deux d'entre eux moururent à l'hôpital, mais les 53 autres guérirent complètement et furent rendus à la 1re division territoriale.

Le personnel du service de l'hôpital comptait vingt-huit personnes, parmi lesquelles cinq médecins, un pharmacien, dix infirmières et quatre infirmiers.

Voici l'état des 52 blessés au moment où ils furent admis :

1° Au moment de leur entrée, les prisonniers, bien que fortement constitués, paraissaient quelque peu affaiblis. Leurs corps étaient couverts d'une épaisse couche de crasse, au point de ne pas même laisser distinguer la couleur de la peau. Les uns avaient les cheveux coupés ; les autres avaient conservé la queue chinoise. Tous avaient la tête remplie de vermine. Leurs vêtements, extrêmement sales et en lambeaux, répandaient une odeur infecte. Quelques-uns des blessés étaient d'une faiblesse extrême, souffraient de bronchites et avaient les jambes enflées. Les bandages des plaies imbibés de pus étaient d'une malpropreté repoussante. La première opération qu'on fit subir aux prisonniers fut donc de leur faire tous prendre un bain, après quoi les bandages furent enlevés et examinés.

2° Les blessures de ces prisonniers avaient des origines différentes dont voici l'énumération : plaies contuses (1) ; plaies provenant d'instruments tranchants (3) ; plaies provenant d'instruments piquants (5) ; brûlure (1) ; fractures (7) ; plaies par armes à feu : fusils (33), canons (2).

Les prisonniers malades avaient donc été admis à l'hôpital le 16 octobre 1894, c'est-à-dire environ quatre semaines après qu'ils avaient été blessés. Nous apprîmes que les premiers soins leur avaient été donnés trois ou quatre jours après la blessure et que, depuis lors, les bandages avaient été changés deux ou trois fois. Si les plaies ainsi exposées à une atmosphère impure et laissées en contact avec des matières malpropres pendant plusieurs semaines n'ont entraîné aucune maladie contagieuse, cela rend témoignage au régime parfait d'hygiène ainsi qu'au système de désinfection en vigueur sur les champs de bataille.

II. — Service de secours aux prisonniers chinois, a Nagoya.

Au mois d'octobre de la 27ᵉ année (1894), lorsque notre Société eut été informée que des prisonniers chinois allaient être confiés en garde à la 3ᵉ division territoriale, elle en donna avis immédiatement au comité local de Nagoya, l'invitant en même temps à faire les préparatifs nécessaires pour les recevoir. Le premier convoi arriva dans cette ville le 19 du même mois ; le personnel de secours du comité local s'était rendu à la gare de Sasashima (Nagoya) et y avait pris les mesures urgentes que requérait l'état plus ou moins grave des blessés ou des malades. Ce même jour, les prisonniers furent internés dans l'enceinte du temple de Kentiouji qui venait d'être affecté à leur logement dans le quartier de Tsutsui, dans la ville de Nagoya ; le comité local, après délibération préalable avec le médecin en chef de la 3ᵉ division territoriale, avait décidé que son personnel les accompagnerait pour donner des soins aux malades. Depuis lors, ce personnel continua à s'y rendre tous les jours et cela pendant onze mois, c'est-à-dire jusqu'au 12 août de la 28ᵉ année (1895), date à laquelle les prisonniers chinois furent renvoyés en Chine. A ce moment également, le personnel de secours évacua le temple et le service prit fin.

Parmi les prisonniers chinois soignés pendant ces onze mois, on compte 13 cavaliers, 269 fantassins, 15 artilleurs, 1 marin, 1 coolie : en tout, 299 hommes.

Les blessés étaient au nombre de 9. Leurs blessures provenaient d'instruments contondants (3), de fractures (4) ou de brûlures (2). Les autres étaient des malades.

265 prisonniers soignés dans ledit logement purent être complètement guéris; 27 furent transférés, non encore guéris, à l'hôpital militaire de réserve de Nagoya et 7 furent remis à

l'autorité médicale compétente, en état de guérison très prochaine, au moment du rapatriement des prisonniers.

Voici comment l'on procéda au traitement des malades dans le temple de Kentiouji : au premier étage était installé le bureau de consultation. Les malades étaient répartis dans six salles distinctives. Deux autres chambres étaient destinées au personnel médical et administratif et à la pharmacie. Les malades peu graves étaient amenés dans le bureau de consultation et examinés matin et soir. Pour les autres, les médecins les visitaient dans leurs salles respectives.

A leur arrivée, les prisonniers étaient dans un état de malpropreté extrême ; leurs cheveux étaient tellement remplis de vermine qu'il était impossible de les en débarrasser ; on ne put y parvenir qu'en obtenant du personnel administratif l'autorisation d'abattre les tresses et en usant abondamment d'insecticides. Au début, il se déclara des affections aiguës de l'estomac et des intestins (sorte de dyssenterie) qui menacèrent de devenir contagieuses. A défaut de local pour les isoler des autres malades, l'administration envoya immédiatement à l'hôpital militaire de réserve de Nagoya ceux qui en étaient atteints, puis l'on procéda à la désinfection et l'on put heureusement conjurer tout danger de contagion. Mais la conduite des prisonniers créa beaucoup d'embarras à notre personnel. Dans leur ignorance absolue de toute idée d'hygiène, ils se refusaient même à suivre les principes les plus élémentaires, malgré les explications qu'on pouvait leur donner. C'est ainsi que, quand ils avaient soif, ils buvaient aux flaques d'eau et quelquefois même aux lavabos des lieux d'aisance. Ils mangeaient aussi les débris des légumes abandonnés dans les paniers d'immondices. Aussi le maintien de la salubrité n'était-il pas une besogne facile et fallait-il tous les jours renouveler les avis et les conseils bienveillants : on faisait, d'ailleurs, plusieurs fois par jour le nettoyage des salles des malades et des fosses d'aisance, travail auquel on employait les hommes valides. Avec le temps, cependant, les Chinois finirent par comprendre nos

sentiments humanitaires et philanthropiques, tinrent compte
des règlements d'hygiène et se conformèrent en tout aux
prescriptions des médecins. Cet heureux changement ajouta
considérablement au succès des soins médicaux, diminua le
nombre des cas nouveaux et fit qu'il n'y eut pas un seul décès
parmi les prisonniers. C'est là un résultat auquel on ne s'était
pas attendu.

III. — Service de secours aux prisonniers chinois, à Toyohashi.

Le même jour qu'arriva à Nagoya un convoi de prisonniers
chinois, c'est-à-dire le 15 octobre 1894, il en arriva un autre
à Toyohashi, où le temple de Riounënji fut désigné pour l'internement. Le personnel de secours du comité local s'y
transporta immédiatement, pour s'occuper du traitement des
malades et des blessés. A leur arrivée, les prisonniers étaient
dans le même état que ceux de Nagoya, au point de vue de la
propreté du corps et des vêtements et de la vermine qui couvrait leurs têtes. Le personnel de secours du comité local,
d'un commun accord avec le personnel administratif, fit procéder à leur nettoyage. On se contenta de leur brosser très
souvent la tête, sans aller jusqu'à tondre leurs cheveux. Quant
à leur mépris des mesures hygiéniques, à l'absence de règles
dans la manière de se comporter, on eut à constater les mêmes
défauts qu'à Nagoya.

Dans les bâtiments affectés aux prisonniers, on installa un
bureau de consultation ; trois chambres pour les malades,
une pour le personnel médical et administratif ainsi que pour
la préparation des remèdes. Le personnel de secours du comité local s'y rendait tous les jours, comme à Nagoya. Les
malades peu graves venaient à la visite dans le bureau de
consultation ; les autres étaient visités dans leurs salles respectives.

Le service de secours à Toyohashi commença le 19 octobre
de la 27ᵉ année (1894) et prit fin le 12 août de l'année sui-

vante, comme à Nagoya. Il dura donc onze mois, c'est-à-dire 302 jours. Les prisonniers soignés dans cet intervalle furent au nombre de 186, dont 153 fantassins, 5 cavaliers et 28 employés militaires et coolies.

Les blessures provenaient de coups reçus avec des corps contournants (5), de durillons ou de cors (5), de brûlures (1). Les autres étaient des malades. Ils étaient beaucoup plus nombreux que les blessés. Les cas les plus graves furent ceux de dyssenterie ou de maladies analogues (20), de folie hypocondriaque (1), de rhumatisme musculaire (1). Les vingt cas de maladies contagieuses furent soignés dans des chambres séparées; mais elles étaient si petites que le service était extrêmement difficile. Quant au fou hypocondriaque, il devenait furieux plusieurs fois par jour; il essaya de se suicider à maintes reprises; il arriva même que sa vie fut en danger. Mais, grâce aux efforts des gardiens et des médecins, il put être guéri au bout de trois mois. Aucun des cas des maladies contagieuses ne fut fatal.

Sur les prisonniers hospitalisés, 183 arrivèrent à complète guérison; les 3 autres furent remis à moitié guéris, le 12 août de la 28e année de Meiji, à l'autorité médicale militaire, chargée du rapatriement des prisonniers.

Les services de secours à Nagoya et à Toyohashi furent tous deux organisés par le personnel de secours du comité local de Nagoya. Le médecin en chef, le secrétaire et le trésorier ayant été chargés de l'administration simultanée de ces deux villes, nous allons ajouter un mot qui sera commun à la manière dont le double service s'est effectué. Il n'y avait pas d'hôpital proprement dit; les médecins visitaient seulement les malades au lieu de l'internement des prisonniers. Aussi n'y furent envoyées ni infirmières ni autres personnes de ce genre. Le médecin en chef était attaché principalement au lieu d'internement, à Nagoya; mais il se rendait plusieurs fois par semaine à Toyohashi, pour y surveiller le service médical et suivre lui-même les cas les plus graves. Les médecins à Nagoya, comme à Toyohashi, étaient

chargés exclusivement de la visite et des soins à prescrire
aux malades.

Quoique le service de secours dans ces deux endroits ne
comportât que l'envoi du personnel médical et administratif
et d'hommes de peine, le personnel ne se borna pas cependant à visiter et à soigner les blessés et les malades ; en vue
de prévenir tout danger de variole, il prit soin encore de vacciner tous les prisonniers, même ceux qui l'avaient déjà été
ou qui avaient été atteints de petite vérole.

On ne peut que difficilement se faire une idée de la patience
qu'il lui fallut déployer pour vaincre l'opiniâtreté des prisonniers et pour leur faire observer les prescriptions hygiéniques. Ce furent ces efforts, d'ailleurs, qui assurèrent le
succès de l'œuvre. Car le service de secours fut continué
pendant 302 jours, sans qu'on eut à enregistrer un seul
décès, malgré le nombre considérable des 486 personnes
soignées. Ce n'est pas tout : ce même personnel eut encore
à prendre charge, à partir du mois de février ou de mars de
la 28ᵉ année (1895), des deux services de secours qui venaient
d'être ouverts dans les hôpitaux militaires de réserve de
Toyohashi et de Nagoya et dont la direction avait été confiée
au médecin en chef du comité local. C'est ainsi que le
comité local de Nagoya put réaliser, à l'honneur de notre
Société, une œuvre relativement considérable avec un personnel peu nombreux.

IV. — Service de secours aux prisonniers chinois, a Osaka.

Le 10 janvier 1895, notre Société reçut, du chef de service
des Bienfaits, l'ordre de fournir un personnel de secours
aux prisonniers malades à l'hôpital militaire de réserve
d'Osaka. Le comité local de cette ville ayant été aussitôt
avisé, s'empressa de prendre les dispositions voulues et envoya, dès le 12 janvier, à l'hôpital militaire, un détachement
de 24 personnes se composant de médecins, pharmaciens,
infirmières, administrateurs, gardiens de malades, et à ce

personnel fut confié le soin des malades de la 2e annexe de l'hôpital militaire de réserve d'Osaka. Cette annexe était installée dans le grand temple de Honganji. Aux malades, on avait destiné une vaste salle de plus de 600 mètres carrés. D'autres chambres étaient spécialement affectées aux opérations chirurgicales, aux maladies contagieuses, aux cadavres, au service médical, à la préparation des médicaments, aux bureaux de l'administration, aux soldats et officiers gravement malades, aux réfectoires, au logement des infirmières et des domestiques, aux salles de bain, aux cuisines, etc. Rien n'y faisait défaut. Outre ces aménagements, cet établissement réunissait encore d'autres conditions qui le rendaient propre à son usage. Quoique situé au centre de la ville d'Osaka, le niveau du sol était élevé de plus de trois mètres au-dessus des autres parties de la ville.

La salubrité y était assurée, d'un côté, par un système de drainage et d'écoulement des eaux qui maintenait le terrain sec et, d'autre part, par un grand luxe d'aération et de lumière.

Le personnel de secours du comité local d'Osaka, tout en étant chargé du service de la 2e annexe de l'hôpital, devait encore, conformément aux instructions reçues du médecin en chef de la 4e division territoriale, envoyer des médecins au lieu d'internement Nº 1 des prisonniers, pour examiner les malades et surveiller l'application des mesures hygiéniques.

Le service de secours aux prisonniers malades à Osaka dura 207 jours, c'est-à-dire jusqu'au 12 août de la 28e année de Meiji (1895), époque du rapatriement des prisonniers. A partir de ce moment, le personnel de secours du comité local se borna à régler la situation et il remit définitivement, le 21 du même mois, le service de la 2e division à l'hôpital militaire de réserve d'Osaka.

Le nombre des prisonniers qui reçurent des soins dans cet intervalle s'éleva au chiffre de 909, comprenant 68 blessés et 841 malades. 862 sortirent après complète guérison, 3 furent confiés à d'autres hôpitaux, 5 moururent ; les 39 autres, non encore guéris au moment du rapatriement, furent remis en cet état entre les mains du comité de rapatriement.

Les prisonniers admis et soignés dans cet hôpital furent plus nombreux que ceux des autres hôpitaux. Leur provenance était diverse : quoique le plus grand nombre eut été pris à Ping-yang, il y en avait aussi qui l'avaient été à Kiulin-ching, Kinchou, Wei-Haï-Weï, etc. Faisant la classification au point de vue des grades, on comptait 43 officiers supérieurs, 70 officiers subalternes, 585 soldats et 211 coolies ou hommes de peine.

Les blessures provenant d'armes à feu étaient au nombre de 62 ; de coups de sabre, 1 ; de contusions, 1 ; d'écorchures produites par les chaussures, 4 ; de brûlures par le froid, 6 : total : 74.

Parmi les malades et les blessés, se trouvaient des officiers supérieurs ennemis, entre autres Saïteïkan, commandant du torpilleur *Fukurio*, pris à Wei-Haï-Weï. Toutefois, la masse des prisonniers, comme s'ils n'eussent point compris ce que c'était que l'hygiène, n'en observaient aucune règle dans leur conduite et restaient dans la malpropreté. Ils passaient des jours sans se nettoyer le visage, et même, en sortant des cabinets d'aisance, ne se lavaient pas les mains ; ils allaient jusqu'à dérober, pour les manger, les aliments laissés par leurs camarades. En un mot, ils offraient le même spectacle que celui que nous avons vu à Nagoya et dans les autres villes. Voilà ce qui augmentait, dans une notable mesure, les difficultés et le travail pour le personnel de secours du comité local d'Osaka.

Tels ont été les soins donnés par notre Société aux prisonniers malades ou blessés.

Pour faire apprécier les difficultés dont a été semée l'œuvre de notre personnel de secours, nous allons en indiquer quelques-unes :

1° Différence des langues japonaise et chinoise et des dialectes chinois entre eux : notre personnel de secours, dans l'exécution de son œuvre, devait se servir d'interprètes pour interroger les malades et leur faire les recommandations que réclamait leur état. C'était déjà une gène ; mais, ce qui l'aggravait, c'était la diversité des dialectes, qui empêchait les prisonniers de se comprendre entre eux et qui embarrassait extrêmement les interprètes ;

2° Ignorance chez les prisonniers des principes de l'hygiène. Un Japonais ne saurait se faire une idée de l'indifférence, de l'insouciance des Chinois, en général, en matière d'hygiène et de propreté ;

3° Les préventions et l'entêtement des prisonniers : sans instruction et peu intelligents, en général, ils tenaient opiniâtrément à leurs préventions et ne se rendaient que très difficilement aux prescriptions et aux conseils des médecins et des infirmières.

Malgré toutes ces difficultés, notre personnel de secours, mû par les plus hauts sentiments de philanthropie et d'humanité, apporta le zèle le plus empressé et le plus dévoué à traiter et à soigner les prisonniers. Il ne se borna pas à guérir leurs blessures et leurs maladies ; il montra sa sollicitude pour la conservation de leur santé, en les vaccinant tous et en leur apprenant les principes de l'hygiène. Cette conduite pleine de bienveillance et d'abnégation ne resta pas sans fruit : elle finit par toucher vivement ces prisonniers et les convainquit du but que se propose notre Société de la Croix-Rouge. Tous ceux qui furent attachés au service de secours dans l'hôpital de la Croix-Rouge de Tokio peuvent rendre témoignage de la plus profonde reconnaissance que leur ont marquée les prisonniers chinois soignés dans cet hôpital. Dans les gares de Nagoya, de Toyohashi et d'Osaka, on a pu constater aussi combien les prisonniers étaient émus et quel chagrin ils éprouvaient de se séparer des médecins et des autres membres du personnel du service qui étaient venus les accompagner. Nous ne pouvons nous empêcher de

mentionner ici, à la louange du caractère chevaleresque et
généreux du peuple japonais, que beaucoup de personnes, à
Tokio et dans les autres villes, envoyèrent des aliments et des
livres aux prisonniers, pour les consoler.

CHAPITRE XI.

Service de secours aux infirmeries de gares et accueil fait aux troupes en voyage.

Vers le mois de juillet de la 27ᵉ année de Meiji (1894), lorsque l'événement, devenu imminent, était sur le point d'éclater et que nos troupes et nos vaisseaux de guerre, chargés de veiller sur terre et sur mer aux éventualités qui pouvaient se produire en Corée, se soumettaient à toutes sortes de privations et de souffrances dans ce pays éloigné, sous un brûlant soleil d'été, le dévouement et l'abnégation qui les animaient, au point de se trouver heureux de se sacrifier pour leur patrie, rassuraient le public. En présence de ce fait, notre Société ne pouvait rester impassible vis-à-vis de leurs privations et de leurs fatigues. Obéissant à ses sentiments de patriotisme et de bienveillance à l'égard des militaires, elle avait, le 14 du même mois, après en avoir obtenu l'autorisation des Ministres de la guerre et de la marine, envoyé 9.000 essuie-mains à l'armée de terre et 1.000 à l'armée de mer, en témoignage de ses sentiments de sympathie envers les stationnés en Corée.

Au mois d'août, apprenant que l'armée expéditionnaire allait être expédiée par chemin de fer, notre Société détermina les mesures à prendre pour faire aux troupes, sur leur passage dans les stations d'arrêt, un accueil sympathique. Par suite, elle demanda au service des Bienfaits et à la Direction générale des chemins de fer l'autorisation, qui lui fut d'ailleurs accordée, d'élever, dans chaque gare où les trains devaient s'arrêter, un local où des soins pourraient être donnés aux blessés et aux malades, et où des paroles d'encouragement pourraient être adressées aux hommes de guerre qui partaient. Notre Société s'adressa également, dans le même sens, aux compagnies des chemins de fer de l'Ouest (Sanyo testudo) et du Nord (Nihon testudo), qui s'empressèrent de donner leur consentement. En ce qui touchait à la date du départ des troupes et de leur nombre, le secret le plus absolu fut tenu, ces questions étant du domaine des opérations militaires. Quant aux détails de la réception, le bon fonctionnement pouvait en être assuré par une entente avec les commandants des stations et le chef de gare. Les commandants de circonscriptions sur les lignes de chemin de fer se sont montrés obligeants et ont accordé toutes les facilités possibles à notre Société, pour lui permettre de réaliser son but.

Le 1er convoi fut celui de la 3e division, qui dura du 23 août, partant de Toyohashi à 8 h. 30, jusqu'au 6 septembre. Le nombre des trains dont il se composa fut de 78. Les haltes étaient Nagoya, Mayebara, Banba, Kobé et Okayama. Dans ces différentes gares, les sections locales organisèrent la réception, d'après un programme fixé à l'avance. Bien que les deux villes de Kioto et d'Osaka ne fussent point des lieux de halte, néanmoins les sections locales de ces deux villes, tenant compte de leur situation particulière, organisèrent la réception d'après le programme des gares de halte.

Le 2e convoi fut celui de la 1re division : commencé le 22 septembre, il se termina le 2 octobre. Le nombre des trains fut de 64 et les haltes étaient Aoyama, Numadzu, Hamamatsu, Nagoya, Banba, Kioto, Osaka, Kobé et Okayama, où les réceptions furent organisées.

Le 3e convoi fut celui de la 2e division : commencé le 28 octobre à 4 h. 15, il fut terminé le 7 novembre. Le nombre des trains fut de 64 et les stations de halte et de réception furent Aomori, Ichinohé, Ichinoseki, Sendaï, Kooriyama, Outsunomiya, Aoyama, Numadzu, Hamamatzu, Nagoya, Banba, Kioto, Osaka, Kobé et Okayama.

Le 4e convoi fut celui de la 4e division, qui se fit en deux fois. Du 23 février jusqu'au 26, partirent 7 trains, et du 28 du

même mois au 2 avril, en partirent 42. Les stations de halte
et de réception furent Osaka, Kobé et Okayama.

Le 5ᵉ convoi fut celui de la garde impériale, qui se fit en
deux fois : du 3 au 7 mars de la 28ᵉ année de Meiji (1895),
partirent 30 trains, et du 23 du même mois au 28, il en partit
31 ; les stations de halte et de réception furent les mêmes que
celles de la 1ʳᵉ division.

Le 6ᵉ convoi fut le transport à Tokio de la 7ᵉ division : commencé d'Aomori le 28 mars, il se termina le 10 avril. Le
nombre des trains fut de 21, et les stations de halte et de
réception les mêmes que celles de la 2ᵉ division jusqu'à
Tokio. Lorsque ces troupes durent repartir pour le Nord,
notre Société leur distribua, le 22 mai, 3.000 paquets de
cigarettes, à titre de souvenir.

Le siège central de la Société à Tokio, ainsi que les sections locales et les comités départementaux, suivit le même
programme à l'égard de tous les convois de militaires, à
quelque arme qu'ils appartinssent et quelque fut leur destination. L'aspect que présentaient les locaux destinés à la
réception des troupes était à peu près le même partout.
Généralement, pendant la journée, on arborait le drapeau
national, le pavillon de la Croix-Rouge et des bannières sur
lesquelles étaient inscrits les mots : « *Bienvenue à l'armée* »
ou « *Vive l'armée* » ; la nuit, de nombreuses lanternes illuminaient les abords des gares. C'étaient, partout, à l'entrée
des chemins, des arcs de verdure, des feux d'artifice, des
fanfares, des hymnes chantés par des bandes d'écoliers.
Telles étaient les manifestations extérieures par lesquelles
non seulement les membres de la Société, mais la plupart
des habitants, témoignaient leurs hommages aux troupes
expéditionnaires. Qu'il plût, qu'il ventât, qu'il fit chaud ou
qu'il fit froid, on les voyait accourir le jour comme la nuit
pour saluer avec enthousiasme les convois à leur passage.
Ils ne comptaient ni avec la fatigue, ni avec les dépenses
que ces voyages leur occasionnaient.

On offrait aux soldats, dans les locaux de réception, de

l'eau chaude, du thé, de l'eau d'orge, de l'eau glacée, des
gâteaux, des pains, des marrons, des médicaments, des cigarettes, des allumettes, du papier, des essuie-mains, des
mouchoirs, des cartes postales, des enveloppes de lettres, des
verres à boire, des cartes géographiques, etc. La plupart de
ces objets étaient des dons faits par des membres de la Société.

Afin de pouvoir donner des soins aux blessés et aux malades, on établit auprès de chaque gare des infirmeries,
sous des tentes ou sous des baraquements en planches, et
des médecins et des infirmiers s'y relayaient les uns les
autres jour et nuit, pour procéder au traitement des malades.
Ceux-ci furent fort nombreux, sans gravité toutefois ; il n'y
en eut que deux qui durent être hospitalisés. Énumérons
ci-dessous le nombre connu des malades traités, dans différentes localités : 60 le furent par la section locale de Miyagui (Sendaï, Nagamachi, Shiraïshi) ; — 46, par celle de Shidzuoka (Numadzu, Hamamatsu) ; — 27, par celle de Nagoya ;
— 71, par celle de Kioto ; — 35, par celle d'Osaka ; — 61,
par celle de Hiogo ; — 84, par le siège central de Tokio ;
— à Okayama et à Shiga, il y en eut plus de 40, mais le
chiffre exact n'en est pas connu, faute de document que la
presse du moment ne permit pas de rédiger.

Hiroshima était le siège du grand quartier général. L'état
de siège y était en vigueur. Les troupes, au départ comme
au retour, y passaient toujours. C'était, pour notre Société,
le centre de son personnel d'expédition et les affaires y
étaient naturellement très nombreuses. Mais la section locale
de Hiroshima, à laquelle ce poste était confié, prit toutes
sortes de mesures utiles ; elle était sans cesse en mouvement
pour la réception des troupes. Aussi les services qu'elle rendit et les avantages qu'elle procura à notre Société furent-
ils très appréciés.

Dès le mois de mai de la 28ᵉ année de Meiji (1895), les troupes expéditionnaires commencèrent à rentrer les unes après
les autres. La 6ᵉ division devait débarquer à Moji ; la 1ʳᵉ et

la 3ᵉ divisions, à Ujina, Kobé, Osaka, Kanaischi, etc.. et la 5ᵉ division, à Ujina, Takahama, Tadotsu, etc. Notre Société en donna communication aux sections locales et aux comités départementaux des villes par lesquelles les troupes devaient passer et où il y avait des casernements, pour qu'ils prissent les mesures convenables, en vue de la réception.

La réception des troupes victorieuses par notre Société centrale et dans les provinces présentait le même aspect que lors de l'accueil fait aux troupes à leur départ ; toutefois, les préparatifs faits par les sections locales dans les lieux de casernement étaient plus brillants.

Des soins furent donnés par les sections locales aux blessés et aux malades des convois des armées victorieuses. En voici la nomenclature : Soins à 13 personnes par la section locale de Kioto ; — à 6, par celle de Shidzuoka ; — à 1 personne atteinte de congestion cérébrale, par celle d'Ishikawa ; — application de bandages sur 815 personnes ; médicaments à 1.240 ; opérations chirurgicales sur 8 ; injections cutanées à 5 ; en tout 2.073 par celle d'Osaka ; — soins à 16 personnes par celle de Hiogo ; — à 13 personnes, par celle de Shiga ; — à 19, par celle de Nagoya. Le total des personnes soignées s'éleva à 2.141. Ces résultats des effets des sections locales montrent que la Société a réussi, dans une certaine mesure, dans le but qu'elle se proposait en commençant.

Vers les mois de mai et de juin 1895, des symptômes de maladies contagieuses s'étant déclarés sur le théâtre de la guerre et à bord des navires, le gouvernement établit un service provisoire d'observation sanitaire et désigna Ninoshima d'Aki et Hikoshima de Buzèn comme stations d'observation sanitaire. Notre Société, pour consoler les militaires en quarantaine, leur envoya 150 boîtes de gâteaux.

Lors de l'expédition de Formose, dont il sera question plus loin, nos militaires et nos marins devaient avoir à combattre durant plusieurs mois, dans un pays malsain. Aussi notre Société s'empressa-t-elle de procéder à des préparatifs de secours et expédia-t-elle un personnel au mois de juillet 1895.

Mais elle voulut, en outre, donner un témoignage à toute l'armée ; elle fit, à cet effet, confectionner 60.000 essuie-mains et, avec l'autorisation du service de secours volontaire et du commissariat de la marine, le 25 août, elle en fit distribuer, comme cadeau, 50.000 aux armées de terre en campagne et 10.000 aux armées de mer.

CHAPITRE XII.

Service de réception et de transmission des dons en nature.

Comme nous en avons parlé plus haut, le 10 juillet de la 27ᵉ année de Meiji (1894), fut créé, au Ministère de la guerre, un service des Bienfaits, chargé de la réception et de la transmission des objets que les bienfaiteurs de l'intérieur de l'Empire destinaient aux troupes combattant à l'étranger. Mais les frais d'envoi jusqu'aux établissements militaires désignés par le chef de ce service restaient à la charge des donateurs. C'était là un grand inconvénient, auquel notre Société, soucieuse de témoigner sa sympathie envers les militaires, entreprit de remédier, en se faisant l'intermédiaire entre l'État et les particuliers et en se chargeant, dans l'intérêt du public, du transport gratuit. Elle s'adressa, à cet effet, aux compagnies de chemin de fer et de navigation, qui s'engagèrent à effectuer ces transports. Elle fixa en même temps la procédure relative à la réception et à l'envoi des dons en nature, et en communiqua les règlements aux sections locales et aux comités départementaux. Lorsque tout eut été organisé, le service de secours volontaire fut informé, puis un avis au public parut dans tous les journaux. Dès le 23 du même mois, ce service commença à fonctionner : le dépôt et le bureau du matériel, à Shimonoseki, furent désignés comme lieux de transmission.

Bientôt après, le Ministère de la marine, de son côté, publia également les règlements en question, relativement à la réception des dons en nature. La Société se chargea du transport dans les mêmes conditions et suivant la même procédure qu'à l'égard du Ministère de la guerre. Les amirautés de Kuré et de Sasébo furent désignées comme lieux de transmission.

Notre Société était certainement disposée à faire des dépenses plus ou moins considérables pour la réalisation de cette œuvre de transport gratuit. Mais les frais qui incombaient à notre Société, dont le devoir principal est de venir au secours des blessés, étaient, à ce moment, énormes ; aussi cette œuvre ne pouvait-elle être réalisée qu'avec le concours de la Direction des chemins de fer de l'État, celui des compagnies privées des chemins de fer et celui des compagnies de navigation dans tout l'Empire. Or, bien qu'à ce moment, elles pussent à peine suffire aux transports, ces compagnies partagèrent les sentiments de notre Société et s'engagèrent volontiers à effectuer le transport gratuit des dons en nature. Nous saisissons cette occasion pour les en remercier.

Cette œuvre de transport gratuit est donc une entreprise collective de notre Société, de la direction des chemins de fer et des différentes compagnies de chemin de fer et de navigation.

Aussitôt que notre Société eut entrepris ce service, les dons en nature affluèrent de tous les points de l'Empire, et à peine un amas d'objets était-il expédié qu'il était aussitôt remplacé par un autre. Mais il arriva souvent que l'abondance des munitions de guerre qu'il fallait transporter faisait obstacle à l'envoi d'autres objets, ce qui mettait notre Société dans un fort grand embarras.

Comprenant la difficulté de cet état de choses, le Ministre de la guerre établit une nouvelle procédure qui facilitait la réception et l'envoi des dons en nature. Dès lors, le concours de notre Société n'était plus nécessaire. Comme, d'autre part, l'œuvre de secours aux blessés devenait de plus en plus pressante, notre Société avisa le public, le 20 janvier 1895, qu'elle cessait son service du transport des dons en nature ; elle résolut sa convention de transport gratuit avec la direction des chemins de fer et les différentes compagnies et mit fin à ce service, après en avoir donné avis aux comités locaux et informé le service des Bienfaits de l'armée de terre et de l'Intendance.

Le nombre des colis qui, depuis le mois de juillet, passèrent par les mains de la Société et dont elle effectua le transport s'éleva au chiffre de 56.430, dont 49.649 à destination de l'armée et 6.781 à destination de la marine. Ils provenaient de 10.385 donateurs. Notre Société, on le voit, réussit à réaliser, dans une certaine mesure, son dessein primitif.

CHAPITRE XIII.

Visites et consolations aux malades et aux blessés.

Le 11 septembre de la 27ᵉ année de Meiji (1894), notre
Société envoya à Hiroshima, en qualité de délégué spécial,
le vicomte Matsudaira Nobumasa, un de ses administrateurs,
pour visiter et consoler les malades qui se trouvaient dans
l'hôpital militaire de cette ville et qui avaient été blessés à la
bataille d'Asan. Parmi eux, se trouvait notamment le commandant d'infanterie Hashimoto. Deux boîtes de biscuits
furent offertes à l'officier et 76 douzaines de bouteilles de
limonade aux autres malades.

Au mois d'octobre, le vicomte Sano, président de la Société,
se rendit lui-même à Hiroshima, où il visita, le 4, les malades de l'hôpital militaire de réserve, et, le 5, ceux de l'hôpital de l'amirauté de Kuré. Il alla même jusqu'à Sasebo, où il
visita, le 11, les malades de l'hôpital de l'amirauté. Il fit des
distributions d'essuie-mains, de tabac, de livres, etc. C'était
le moment où les soldats de terre et de mer, blessés à Ping-
yang et dans la bataille navale de la mer Jaune, gisaient sur
leurs lits, en proie aux plus grandes souffrances. Le nombre
total des malades dans ces trois hôpitaux s'élevait à 1.119,
dont 18 officiers.

Le 13 décembre, le délégué général Shimidzu Toshi, représentant notre Société, visita les malades du sanatorium de
Hatsukaïchi, arrondissement de Sayeki, dans le département
de Hiroshima, et distribua aux malades 500 cartes postales.

Le 29 et le 30 du même mois, notre président, le vicomte
Sano, accompagné des administrateurs, le vicomte Matsudaïra Noritsugu et M. Hirayama Shiguenobu, visita les malades de l'hôpital militaire de réserve de Tokio. Il offrit à
chaque officier 3 essuie-mains et 2 paquets de cigarettes, et

distribua aux sous-officiers et aux soldats 2.342 paquets de
cigarettes et 100 boîtes de mandarines. Le nombre des malades, dans cet hôpital et ses deux annexes, était de 1.177, dont
6 officiers.

Avant la date sus-mentionnée, notre Société avait envoyé
en Corée M. Kuroda Tsunahiko, administrateur extraordinaire, pour visiter les malades des hôpitaux établis sur le
théâtre de la guerre et inspecter le personnel de secours.
Cette mission, partie, le 7 décembre, d'Ujina, était, le 11, à
Ghto-in-to, le 13 à Ping-yang, le 25 à Riusën, le 28 à Gishiu,
et s'avança, le 29, jusqu'à Antong, en Chine. Le 13 janvier
de l'année suivante, M. Kuroda, après être repassé par
Gishiu, était de retour à Ping-yang. Comme la mer était fermée par les glaces, il gagna Jinsen par voie de terre. Il repar-
tit de cette ville le 6 février, pour se rendre au chef-lieu du
commandement des étapes de la 2ᵉ armée, visita successivement Riujuton, Kinchou, Port-Arthur, Wei-Haï-Weï, etc.,
et, sa mission terminée, il rentra au Japon, le 2 mars. La
Société avait confié à son délégué, pour les distribuer aux
malades de toutes les localités, 3.000 chemises de flanelle et
un même nombre d'essuie-mains.

Le projet de M. Kuroda avait été de se rendre directement
d'Antong auprès de la 2ᵉ armée d'expédition, en passant par
Hô-ô-jio, Shougan, etc.; mais la pénurie des effets propres à
se prémunir du froid et les dangers que présentait un voyage
dans le nord d'Antong l'avaient obligé à revenir par Ping-
yang. Ce tour d'inspection, accompli dans la saison la plus
froide, fit beaucoup souffrir et fatigua au-delà de toute
expression les membres de la mission. Qu'il suffise de dire
que, parmi les 560 malades qui étaient en traitement dans
l'hôpital permanent d'Antong, le plus grand nombre était
atteint de brûlures par le froid. La suite de M. Kuroda se
composait d'un médecin, Omori Eitaro, d'un commis-comp-
table interprète, Tanaka Zenosuké, et d'un infirmier. Les
principales instructions qu'il avait reçues à son départ por-
taient sur les points suivants :

1° Visiter et consoler les malades et adoucir leurs souffrances, non seulement dans les hôpitaux d'évacuation de la 1re et de la 2e armées d'expédition, mais encore dans les hôpitaux de campagne et jusque dans les ambulances, autant que la discipline militaire ne s'y opposerait pas ;

2° Se mettre en relations avec chaque commandant d'étape, chaque chef du service médical et chaque chef d'hôpital ; les entretenir du but que la Société se propose, leur faire connaître l'état de ses préparatifs et s'entendre avec eux sur la marche du service de secours ;

3° En visitant les malades, observer en détail, en ce qui concerne le corps du service de santé, les hôpitaux de campagne, les hôpitaux sédentaires de campagne et les hôpitaux d'évacuation ; leur position, leur distribution, le fonctionnement du service des malades, et faire sur ces questions et sur tout ce qui pourrait intéresser la Société des rapports détaillés ;

4° Distribuer aux malades, proportionnellement à leur nombre et après entente avec le chef d'hôpital, les dons en nature envoyés par la Société et, en cas d'excédent, les confier à la garde de ses délégués ;

5° Observer en détail le fonctionnement des hôpitaux établis par la Société à Ping-yang et à Ghio-in-to ainsi que les ravitaillements, et délibérer de la façon la plus complète avec le délégué et les médecins en chef sur les points qui auraient attiré leur attention ;

6° Rechercher, avec le délégué et le médecin en chef de Ping-yang, les causes des affections qui frappaient un grand nombre de membres du personnel de secours de cette localité et étudier avec eux les moyens de les en préserver ; assurer les malades de la sympathie de la Société et de la peine que lui cause ce fléau ;

7° Prévoir, après mûre délibération avec les délégués et les médecins en chef, les mesures opportunes qu'il y aurait à prendre dans l'éventualité d'une pénurie d'approvisionnements. Car, quoique le premier devoir soit de donner tous les soins aux malades, on ne doit pas non plus, cependant, négliger de préserver la santé du personnel de secours ;

8° Étudier sur place, en outre de ce qui est prévu plus haut, les autres mesures que la Société pourrait avoir à prendre utilement dans l'intérêt du service de secours.

D'un autre côté, sur le théâtre de la guerre même, un membre du Conseil extraordinaire de la Société, M. Ariga Nagao, prit, à Port-Arthur, l'initiative d'une représentation de bienfaisance qui rapporta 399 yen. De cette somme, 299 yen furent donnés, au nom de la Société, aux malades de l'hôpital d'évacuation de Port-Arthur et une gratification de 100 yen fut remise, à titre de secours, aux acteurs chinois.

Lors de l'assemblée plénière, convoquée au quartier général, le 27 février de la 28ᵉ année de Meiji (1895), les membres des sections locales et des comités départementaux présents visitèrent, le 2 mars, les malades de l'hôpital militaire de réserve de Hiroshima et de l'hôpital de l'amirauté de Kuré, et firent don de 50 yen à l'armée et de 20 yen à la marine.

Le 22 mars et le 19 avril, notre Société envoya à l'hôpital militaire de réserve de Tokio, pour les malades, 30 kwan-mé de midzu-amé (sucre d'orge), 50 okina-mochi (biscuit de riz), 2.000 sasa-amé (sucre d'orge), 20 kwan-mé d'algue cuit, 1.320 oignons de lis, ainsi que 1.632 volumes d'historiettes et de romans. Le 10 mai, elle fit un autre envoi de 172 chemises de toutes sortes, 894 cache-nez, 530 ceintures, 73 bonnets de laine, 304 paires de chaussettes, 100 boites de confiture de raisin et 556 kin (livres) de farine de kuzu (fécule de glands de terre). Les articles énumérés ci-dessus étaient des dons envoyés à la Société pour être distribués aux malades. La Société eut le soin de se conformer aux intentions des bienfaiteurs et de faire connaitre leurs noms.

Les préliminaires du rétablissement de la paix, entamés au mois de mars, avaient abouti au traité dont les ratifications furent échangées à Chefou au mois de mai. A cette époque, il ne restait plus que fort peu de blessés et de malades sur le théâtre de la guerre. Ils avaient presque tous été dirigés sur les hôpitaux de l'intérieur de l'Empire. Notre Société, voulant témoigner par un dernier acte ses sentiments de sympathie, députa son président, le vicomte Sano, et l'administrateur, le vicomte Matsudaïra Noritsugu, pour aller visiter ces hôpitaux. Les délégués quittèrent Tokio le 28 avril; mais une affaire officielle et une indisposition ayant arrêté le vicomte Sano à Kioto, le vicomte Matsudaïra continua seul le voyage et, au nom du président de la Société, visita successivement les 13 hôpitaux suivants de l'armée et de la marine : celui de Hiroshima (le 15 mai), celui de Kuré (le 16), celui de Kokura (le 18), celui de Fukuoka (le 19), celui de Kumamoto (le 20), celui de Sasebo (le 23), celui de Marugamé (le 28), celui de Matsuyama (le 30), celui de Himéji (le 2 juin), celui d'Osaka (le 4), celui d'Otsu (le 5), celui de Nagoya (le 7), celui de Toyohashi (le 8), et rentra à Tokio le 9 juin. Il se remit de nouveau en voyage et visita, cette fois, l'hôpital de Sakura (le 1er juillet), celui de Takasaki (le 2), celui de Sendai (le 5), celui d'Awomori (le 7) et rentra à Tokio, le 10 juillet. Le nombre total des malades qu'il trouva dans ces divers hôpitaux était de 6.136, dont 48 officiers. Il y avait 31 soldats chinois à Osaka et 1 à Toyohashi. En souvenir, il offrit, de la part de la Société, à chacun des malades, une paire d'éventails ; les officiers reçurent, en outre, chacun une douzaine d'essuie-mains. Au même titre, elle envoya également à l'hôpital militaire de réserve de Kanozawa (le 5 juillet) 30 paires d'éventails par l'intermédiaire de M. Ishikawa, chef de la section locale, et, plus tard, le 11 septembre, à l'hospice de réserve de Tokio, 2.600 paires d'éventails et 35 douzaines d'essuie-mains.

Si la Société, depuis le commencement de la guerre jusqu'à la fin, ne cessa de déléguer des membres de son personnel pour aller visiter, non seulement les malades à l'intérieur de l'Empire, mais aussi ceux de l'extérieur, c'est que son respect pour les militaires l'empêchait de rester dans l'inaction. Si elle redoubla ses témoignages de sympathie, surtout dans les derniers temps, c'est que l'accueil enthousiaste que l'on faisait à nos armées triomphantes semblait avoir fait oublier les souffrances des blessés et des malades.

Les sections locales et les comités départementaux ne restèrent pas, non plus, inactifs. Partout, sur le parcours des lignes de chemin de fer, où il y avait des arrêts de train, ils se déplaçaient à toute heure pour aller consoler, à leur passage, les malades qui se rendaient d'Hiroshima à d'autres localités. Ils donnaient même les soins convenables à ceux qui se trouvaient indisposés. Chaque fois qu'un convoi de malades avait lieu, le service médical de la 5e division territoriale en donnait avis au délégué général qui, à son tour, télégraphiait aux sections et aux comités pour leur annoncer les heures de départ et d'arrivée, le nombre de malades, etc., afin de les mettre à même de faire les préparatifs nécessaires. Notamment, le 26 juillet, lorsqu'un train fut renversé par un vent violent entre Hozaki et Onomichi, sur la ligne San-yô, et que des soldats malades, partis de Hiroshima, furent victimes de cet accident, les sections locales de Hiroshima, d'Okayama s'empressèrent d'envoyer quelques-uns de leurs membres pour leur porter secours.

Les sections locales et les comités départementaux des lieux où se trouvaient des hôpitaux de la guerre ou de la marine ne furent point seuls à s'acquitter de ce devoir de visiter les militaires malades; les autres sections et comités ne le négligèrent pas non plus.

CHAPITRE XIV.

Œuvres du Comité des Dames de secours volontaire.

Les membres du Comité des Dames de secours volontaire, organisé au sein même de notre Société pour donner des soins aux militaires blessés ou malades en temps de guerre, étaient occupés à étudier l'art de servir et de garder les malades, en prévision d'un besoin éventuel, lorsque parut, le 1er août, la proclamation impériale de la guerre.

Son Altesse Impériale la princesse Komatsu, administratrice en chef de ce Comité, convoqua aussitôt les membres, qui répondirent, au nombre de plus de 90, à son appel et se réunirent à l'hôpital de la Société de la Croix-Rouge. Là, elle leur exposa ses vues sur la nécessité de venir au secours des blessés et des malades :

« A la suite des événements de Corée, les relations pacifiques de notre Empire avec la Chine ont été rompues, et l'Empereur a été mis dans la malheureuse obligation de déclarer la guerre. Depuis lors, nos troupes de terre et de mer, si dévouées à leur souverain et, en même temps, si braves à la guerre, s'acquittent de leur mission de combattants ; déjà, plusieurs engagements sérieux ont eu lieu sur mer et sur terre. Du côté de l'ennemi, il n'est pas besoin de le dire, très nombreux ont été les blessés ; mais les nôtres aussi ont été plus ou moins maltraités, c'était inévitable. Pour eux, un service spécial de santé a été établi dans l'armée ; comme, en outre, le personnel de secours de notre Société de la Croix-Rouge s'est adjoint au service de l'hôpital militaire de réserve de Hiroshima, il est certain que, pour ce qui est du traitement médical et des soins donnés par les infirmiers, rien ne laisse à désirer. Mais, suivant la tournure que prendra la guerre, qui peut prévoir le chiffre qu'atteindra, dans l'avenir, le nombre des blessés ? Et encore, les blessures seront-elles les seules causes de leurs souffrances ? Comment pourront-ils endurer la chaleur brûlante de l'été ? En songeant à cette situation, je sens que je ne puis rester impassible même un seul instant, et il n'y a personne parmi vous, j'en suis convaincue, qui ne partage mes sentiments. D'ailleurs, n'est-ce pas précisément en de telles occasions que le Comité des dames de secours volontaire, organisé par nous depuis plusieurs années, doit chercher à accomplir la tâche qu'il s'est imposé ? Aussi me proposé-je de m'employer d'une façon effective pour aller, d'une part, porter des consolations aux malades à leur chevet et des encouragements aux infirmières pour alléger, dans la mesure de mes moyens, leurs souffrances, et pour procurer, d'autre part, à ces malades des objets convenables, en témoignage de nos sentiments sympathiques. Telles sont mes intentions, Mesdames, et, en vous en faisant part, j'espère vous voir toutes vous unir dans un même effort pour en poursuivre la réalisation. »

Les dames présentes, qu'un sentiment de patriotisme et de générosité animait, ne purent s'empêcher d'être émues à cette parole si touchante de Son Altesse Impériale. Elles convinrent, séance tenante, des dispositions suivantes :

1º Réservant à une date ultérieure la visite effective des blessés et des malades, on commencera par fournir des bandages antiseptiques pour le pansement des blessés ;

2º Ces bandages antiseptiques devant être en bonne qualité, on en confiera la confection à l'hôpital de la Société. Les membres du Comité y travailleront de leurs propres mains et s'y exciteront mutuellement ;

3º On subviendra aux dépenses occasionnées par cette confection, au moyen de cotisations que les membres payeront proportionnellement à leur situation de fortune ;

4º On profitera du départ des membres de notre personnel pour faire expédier par eux les bandages préparés.

Aussitôt que cette belle œuvre eut été connue, elle provoqua plus de 60 nouvelles adhérences de dames charitables qui s'engagèrent non seulement à verser des cotisations, mais voulurent en plus coopérer à la confection des bandages. Ces nobles dames se réunissaient tous les jours autour de Son Altesse Impériale, à l'hôpital de la Société, et confectionnaient toutes sortes de bandages, malgré la chaleur brûlante de l'été. En un mois, il sortit de leurs mains le linge nécessaire au pansement de 1.300 personnes, lequel fut expédié en 3 fois, les 11, 18 et 20 septembre, aux établissements de la Société de l'armée et de la marine. C'était quelques jours seulement après la bataille de Ping-yang et celle de la mer Jaune.

Plus tard, le 10 décembre, M. Ishiguro, directeur général du service de santé en campagne, confia à ce Comité de dames la confection des bandages de poche :

« Votre Comité, écrivit-il, a bien voulu faire don aux hôpitaux de notre armée des bandages antiseptiques par lui confectionnés, d'après les lois de la science bactériologique. C'est en toute confiance que j'en ai autorisé l'usage dans les hôpitaux. En ce moment, nos soldats blessés en campagne sont fort nombreux et nous éprouvons un besoin constant de bandages pour en munir chaque soldat. Persuadé que votre Comité est le mieux en mesure de confectionner ces bandages dans les meilleures conditions antiseptiques, j'ai l'honneur de le prier de vouloir bien s'en charger. »

Une pareille offre était trop flatteuse pour le Comité pour qu'il ne s'empressât pas de la prendre en considération. Dans une réunion générale du 19 du même mois, le Comité accepta la proposition du directeur général du service de santé en campagne. Dès le 9 janvier 1895, les dames associées, après s'être fait donner par le professeur Adachi quelques leçons sommaires sur la manière de confectionner ces bandages, se réunirent à l'hôpital où elles confectionnèrent 15.000 pièces au milieu d'un froid glacial. Le Comité aurait voulu que l'armée acceptât ces bandages comme un témoignage des sentiments de sympathie. Mais le règlement s'y opposant, elle dut recevoir une somme de 1.070 yen représentant leur prix de revient.

Son Altesse Impériale la princesse Komatsu se mit en devoir d'exécuter son projet de visiter les malades des armées de terre et de mer et d'encourager les infirmières de la Société. Elle partit donc de Tokio, le 17 janvier, accompagnée d'autres membres du comité, entre autres Mmes la marquise Nabéshima, la comtesse Saïgo, la comtesse Oyama ; Son Altesse Impériale la princesse Kita Shirakawa, seconde administratrice en chef, la rejoignit à Osaka. Pendant les trois journées du 20, du 21 et du 22, S. A. I. visita l'hôpital militaire de réserve de Hiroshima et ses annexes. Le 22, elle convoqua toutes les infirmières à son hôtel et leur adressa des paroles bienveillantes. Le 23, elle visita l'hôpital de l'amirauté de Kuré et envoya à l'hôpital de l'amirauté de Sasébo un des membres du comité, Mme Ouyeno Ikuko, comme sa représentante, à laquelle s'adjoignit, sur le désir exprimé par Son Altesse Impériale, Mme la marquise Nabéshima, en qualité de représentante de tous les membres du Comité. A chaque hôpital, des essuie-mains, des cigarettes, des gâteaux, etc., furent distribués. S. A. I. rentra à Tokio le 27 du même mois. A la fin de mai, elle entreprit, en qualité d'administratrice en chef du Comité, la visite de l'hôpital militaire de réserve de Tokio et de ses trois annexes. Elle était accompagnée de LL. AA. II. la princesse Kita Shirakawa, la jeune princesse Komatsu, la princesse Kwacho Ikuko, la princesse Kuni Eiko. Les malades étaient, à ce moment, au nombre de plus de 1.600, parmi lesquels se trouvaient plusieurs officiers.

Au mois de mai, le nombre des malades de la 3e annexe de l'hôpital militaire de réserve de Tokio, laquelle était confiée aux soins de la Société, s'était beaucoup accru, si bien que 16 dames du Comité, parmi lesquelles la comtesse Ogasawara Jounko, la vicomtesse Tanaka Iyoko, Mademoiselle Ouramatsu Chiyo, résolurent, après entente, d'être présentes tous les jours à cette annexe, à partir du 2 du même mois, de 9 heures du matin à 5 heures du soir, et prirent en main le service effectif de garde.

Déjà auparavant, une associée, Mme la vicomtesse Niré, était partie au mois de septembre de la 27e année pour Hiroshima, en qualité de surveillante des infirmières, et était rentrée à Tokio, le 27 novembre, à la suite de S. A. I. l'administratrice en chef; Mme la vicomtesse Kabayama s'était, de son côté, rendue, le 14 octobre, à Hiroshima pour visiter les malades et encourager les infirmières ; madame Kato Akinobou pratiqua le service de garde auprès des soldats chinois, en qualité de surveillante des infirmières.

De beaux faits, tels que ceux qui viennent d'être énumérés,

se reproduisirent également en province. Les comités des dames attachés aux sections locales d'Osaka, de Gumma, du Hokkaido, de Kumamoto, de Shidzuoka, de Niigata, de Tokushima, de Hiogo, témoignèrent des sentiments non moins sympathiques à l'égard de l'armée et lui rendirent les mêmes services.

Un Comité de dames fut organisé à Osaka dans le mois de septembre 1894, sur l'initiative de S. A. I. la princesse Kita-Shirakawa. Grâce à sa bienveillante protection et à ses chaleureuses exhortations, deux groupes, comprenant ensemble 66 infirmières, furent formés; toutes étaient disposées à se dévouer au service de secours.

C'est sur l'initiative d'un des membres du Comité des dames, Madame Kôno Michiyoshi, femme d'un colonel d'infanterie, que fut organisé le Comité de Gumma, parmi les familles d'officiers. Les associées apprirent l'art de soigner les malades, se mirent de tout leur zèle à confectionner des bandages antiseptiques et y employèrent plusieurs centaines de *tan*. Ils furent adressés à notre Société pour l'usage de l'hôpital de réserve de Takasaki. Ces dames eussent vivement désiré servir elles-mêmes dans le même hôpital, mais les autorités militaires ne jugèrent pas à propos d'utiliser leur bonne volonté.

Dès le début de la guerre, les membres du Comité des dames du Hokkaïdo s'employèrent tous les jours à soigner les malades de l'hôpital de Sapporo, pour s'exercer ainsi à la pratique de la garde des malades. Ces dames attendaient avec impatience le moment où elles seraient appelées pour être envoyées sur le théâtre de la guerre. Ce Comité fit don à notre Société de 777 rouleaux de bandage et de 1,000 épingles de sûreté. Au mois de mars 1895, vingt de ses membres, répondant à l'appel que nous avions adressé, vinrent volontairement, à Tokio, s'adjoindre à notre personnel de l'annexe Nº 3.

Le Comité des dames de Kumamoto fut organisé au mois d'août 1894. Ses membres, d'une part, allaient à tour de rôle aider les infirmières envoyées par la Société à l'hôpital de réserve de cette ville, et s'exerçaient à la pratique de la garde des malades; d'autre part, elles établirent, dans l'hôpital, une fabrique de matériaux pour bandages, qu'elles confectionnaient elles-mêmes, et elles en présentèrent une quantité et une variété suffisantes pour assurer le service de secours dans cet hôpital.

Le Comité des dames de Shidzuoka confectionna, grâce à l'encouragement de Madame Komataubara, femme du gouverneur, 2.456 bandages, 153 robes simples ou chemises blanches qu'il envoya à la Société, comme matériel de secours pour les blessés, en y joignant 14 yen 432, reliquat de leurs cotisations. Au passage de chaque convoi de troupes, ces dames s'empressaient de se rendre à la gare, pour encourager les soldats et visiter les malades et les blessés.

Le Comité des dames de Niigata, sous la direction de Madame Kotéda, femme du gouverneur, publia un avis adressé aux dames bienfaisantes de la province, les invitant à contribuer aux matériaux nécessaires pour confectionner les bandages; il présenta ensuite plusieurs milliers de tan à la Société.

Les membres du Comité des dames de Hiogo, au nombre de 30, ayant à leur tête Madame Soufu, femme du gouverneur, se rendirent, le jour comme la nuit, à la gare de Kobé et portèrent secours aux soldats malades appartenant aux troupes qui passaient. Elles ont aussi confectionné les matériaux de bandages qu'elles présentaient à la Société.

Les personnes adhérentes ou non adhérentes à la Société qui ont contribué, d'une façon ou d'une autre, dans les provinces où il n'y avait encore aucun comité d'organisé, à l'œuvre admirable de cette Société, sont innombrables.

Lorsque l'expédition contre les rebelles de Formose eut été entreprise, le Comité des dames de secours volontaire de la Société, à titre de marque de sympathie et d'intérêt pour la santé des troupes, demanda à leur envoyer 10,000 ceintures. L'autorisation fut accordée par le service des Bienfaits (le 10 octobre de la 28e année) et l'envoi fut fait. Cette expédition dura plusieurs mois pendant lesquels nos soldats, dans une contrée dont le climat diffère complètement du nôtre et dont la température est très variable, eurent à endurer de grandes souffrances et à livrer des combats extrêmement meurtriers. Notre Société ne douta pas que le Comité des dames de secours volontaire n'ait contribué, dans une certaine mesure, à alléger leurs souffrances et à fortifier leur santé.

CHAPITRE XV.

Service de secours pendant l'expédition de Formose.

Au mois de mai de la 28ᵉ année de Meiji (1895), le traité de paix de Shimonoseki ayant été ratifié, et les relations pacifiques rétablies entre le Japon et la Chine, celle-ci nous avait cédé l'île de Formose et les Pescadores, et le Gouvernement impérial avait institué un gouvernement local pour ces nouvelles possessions. Mais le général chinois, Lioueifuku, ancien gouverneur de Formose, à la tête des débris de ses anciennes troupes, se retrancha sur différents points de l'île et leva l'étendard de la révolte, lorsque notre gouverneur général de Formose, après avoir reçu du plénipotentiaire chinois la remise de Formose et des autres îles, se présenta pour en prendre possession. Les peuplades qui venaient de passer sous notre domination, peu au courant du nouvel état de choses, se laissèrent entraîner à la rébellion par les instigations de ces soldats sans patrie. Pour venir à bout de leur nombre et de leur courage, une grande armée était nécessaire. En conséquence, des régiments de la garde impériale et de la 2ᵉ division y furent expédiés successivement. Les premiers débarquèrent à Formose, à la fin de mai. Depuis lors, ils ne cessèrent, pendant plusieurs mois, de combattre les rebelles. Dans le courant d'octobre, le chef ennemi Lioueifuku, mis en fuite, se réfugia en Chine. Son départ fut suivi du débandement de ses troupes et la paix ne tarda pas à être rétablie dans toute l'île de Formose. Cette île touche, par sa situation, à la zone torride : l'air y est malsain et, de plus, on était dans la saison d'été. La différence du climat, les variations de température affectèrent la santé des militaires et des autres employés dans une proportion beaucoup plus forte que dans les autres expéditions ordinaires.

Notre Société reçut, au commencement de juillet, du chef du service des Bienfaits, l'ordre d'envoyer, à Formose, un détachement de 55 personnes. Le 10 juillet, on procéda à la formation de ses membres. Il fut composé du délégué provisoire, M. Kikkawa Motoo, du médecin en chef provisoire, M. Mitomi Bunshi, des médecins Aoyagui Masatoki, Matsumoto Shiguénaga, Tanaka Kiichi, Kamijô Katashigué, de 5 sergents infirmiers et de 44 infirmiers. Ce personnel fut divisé en cinq sections distinctes, dont chacune avait 1 médecin et 1 sergent. Toutefois, tandis que 4 d'entre elles comptaient 1 sergent infirmier et 9 infirmiers, la 5ᵉ ne comprenait que 1 sergent infirmier et 8 infirmiers. On avait divisé ces groupements afin de pouvoir plus aisément, le cas échéant, distribuer le personnel sur plusieurs points à la fois.

Chaque médecin devait être muni d'un sac d'instruments de chirurgie et chaque sergent et infirmier d'un sac à bandages ; mais ils n'avaient à emporter ni matériel sanitaire, ni effet d'habillement ou de literie pour les malades. Telles avaient été les indications de l'autorité compétente.

Notre détachement de secours pour Formose partit le 13 juillet de Tokio et arriva le 15 à Hiroshima, où il séjourna quelques jours. Cet arrêt fut décidé par un cas de choléra qui se déclara à bord du *Kokura-Maru*, navire mobilisé par l'armée pour le service de Formose. On dut le désinfecter. A défaut d'autre navire disponible, notre personnel dut attendre que l'opération fût terminée. Enfin, le 20 juillet, il partit d'Ujina et arriva, le 25 du même mois, au port de Kelung, à Formose. Le même jour, il fut autorisé à débarquer et reçut du Directeur des étapes l'ordre suivant :

Le personnel de secours de la Société japonaise de la Croix-Rouge, composé de 55 membres, conduit par un délégué provisoire, est attaché au service de l'hôpital d'évacuation de Kelung, sous les ordres du commandant d'étapes de Kelung.

Tanabé Seito,
Directeur des étapes.

Le 25 juillet de la 28ᵉ année de Meiji.

Au reçu de cet ordre, notre personnel s'empressa de prendre les instructions du commandant d'étapes et, après entente avec le chef de l'hôpital d'évacuation de Kelung, le médecin militaire Shibukawa prit le service du même hôpital, dès le 26.

I. — Service de secours a l'hôpital d'évacuation de Kelung.

Notre détachement commença, le 26 juillet 1895, le service de l'hôpital d'évacuation de Kelung, sous les ordres des médecins militaires compétents. Nos trois médecins, MM. Mitomi, Tanaka et Kamijo, avec les infirmiers des sections 1, 4 et 5, se chargèrent des malades de l'annexe N° 1 de l'hôpital d'évacuation dans la caserne de la compagnie des torpilleurs, tandis que MM. Aoyagui et Matsumoto, avec les infirmiers des sections 2 et 3, se chargèrent des malades des baraquements N°s 6 et 7, dans l'hôpital d'évacuation principal.

Depuis l'entrée de l'armée d'expédition à Formose jusqu'à l'arrivée de notre personnel de secours à Kelung, le nombre des militaires, des employés de l'armée et des coolies qui se rendirent dans cette île dépassa 30.000 hommes, parmi lesquels la proportion des malades fut extrêmement considérable ; elle tenait à la malpropreté du sol, à la chaleur suffocante, à l'eau malsaine, à l'insuffisance des approvisionnements. Ainsi, dans l'intervalle très court du 11 juin au 12 juillet, l'hôpital avait admis 2.845 malades, dont les deux tiers atteints de béri-béri et de maladies contagieuses ; les blessés ne figuraient que pour un chiffre de 100, militaires et employés de l'armée compris. Si tel était le nombre des seuls malades de l'hôpital d'évacuation de Kelung, il est permis de doubler plusieurs fois ce chiffre pour avoir celui des malades des autres localités. Et les décès parmi les militaires, employés de l'armée ou coolies, résidant à cette époque à Formose, étaient de plus de 30 par jour.

A l'époque où notre personnel arriva à Kelung (le siège du gouverneur général était alors à Taihoku, tandis que l'avant-garde de l'armée était dans les environs de Shinchiku, les malades, en traitement dans l'hôpital d'évacuation de cette localité, étaient au nombre de plus de 1.000 et les malades externes qui venaient à la consultation dépassaient 200 par jour. En outre, 40 à 50 malades nouveaux étaient internés, chaque jour, à l'hôpital, venant de Taïhoku ou autres localités. Les décès étaient de plus de 15 en moyenne par jour. Parmi les maladies des hospitalisés, le béri-béri tenait le premier rang, avec le tiers des cas ; ensuite le choléra, le catarrhe intestinal, la dyssenterie, la fièvre typhoïde. On peut voir par là combien le climat et la température étaient meurtriers pour nos soldats. Pour soigner un tel nombre de malades, le personnel de l'hôpital était composé seulement de deux médecins de l'armée, le chef de l'hôpital compris, et de 40 infirmiers. Aussi arrivait-il quelquefois qu'un seul médecin avait à soigner 520 malades et qu'un infirmier en avait plus de 90 à garder. Il est impossible de décrire un pareil surmenage. Aussi l'arrivée de notre personnel, venant dans un tel endroit et en un tel état de choses prendre charge du plus grand nombre des malades de l'hôpital et de la consultation des malades externes, fut-elle saluée avec bonheur.

Il nous faut dire un mot de l'état de l'hôpital d'évacuation, des ravitaillements des objets nécessaires, et des moyens de communication et de transport, lors de la prise du service par notre personnel, pour faire comprendre les difficultés et les embarras avec lesquels le service de santé de l'armée avait à lutter, ainsi que la situation malheureuse des malades et le travail pénible du personnel de secours. L'hôpital d'éva-cuation principal de Kelung, établi dans une ancienne caserne chinoise, présentait à peine l'aspect d'un hôpital, aussi bien au point de vue de la construction que de la position ; les locaux, extrêmement étroits, ne pouvaient contenir plus de 200 malades. Aussi des annexes avaient-elles été établies en trois endroits différents ; mais le nombre des malades aug-mentant de jour en jour, on avait entrepris de construire,

dans l'enceinte de l'hôpital principal, plusieurs baraquements pour les recevoir. Or, à la pénurie et à l'insuffisance
d'ouvriers et de matériel, était venue s'ajouter l'impossibilité
pour ces ouvriers de travailler plus de 3 à 4 heures par jour,
à cause de la chaleur torride où la pluie ne tombait presque
jamais, si bien que la construction d'une salle exigeait plus
de 10 jours de travail. Dans l'intérieur des salles, il n'y avait
pas de lit : on y suppléait au moyen de paillassons recouverts
de couvertures de laine, et cela au rez-de-chaussée comme
au premier étage. Les quelques paillasses qui existaient ne
pouvant suffire pour tous les malades, on les rapprochait, de
façon que deux puissent servir pour trois malades. Cette
localité, qui était à peine délivrée du fléau de la guerre, ne
pouvait encore jouir d'un régime sanitaire parfait. Partout,
une atmosphère impure ; partout, des odeurs repoussantes
que même les hommes les mieux portants avaient peine à
endurer. La température ne descendait pas au-dessous de
80° et montait souvent jusqu'à 93° ; l'eau était trouble et mau-
vaise ; non seulement l'eau potable était rare, mais il n'était
même pas facile de s'en procurer pour l'usage des bains et
des lessivages. En ce qui concerne les ravitaillements, il
semblerait qu'on n'eût pas dû sentir la privation de ce côté,
vu le grand nombre de bateaux qui naviguaient entre le
Japon et Formose ; mais le mauvais état de la mer causait
souvent de grands retards et, en outre, des circonstances
résultant de la poursuite des opérations militaires mettaient
obstacle à la libre circulation dans l'intérieur de l'île. De là,
pour les malades aussi bien que pour le personnel de secours
lui-même, de grandes difficultés pour recevoir les vivres et
les approvisionnements. Il ne fallait, d'ailleurs, guère songer
à s'en procurer dans la ville de Kelung : les aliments fournis
par les indigènes étaient d'une saleté repoussante. A la vé-
rité, la ville de Taïhoku, lieu le plus florissant de l'île, était
bien approvisionnée, mais les voies de communication man-
quaient : on ne pouvait pas compter sur la ligne de chemin
de fer entre Kelung et Taïhoku, qui était mal construite.

Dans cette situation, le matériel de santé même faisait quelquefois défaut et il arrivait que le traitement des malades indigènes externes était suspendu par moment. C'est dans un tel pays dénué de toute bonne voie de communication et sous un ciel de feu que notre personnel était venu pour porter secours à des malades dont le nombre augmentait chaque jour et pour lesquels les vivres et le matériel de santé étaient en mauvais état et peu abondants. La plume se refuse à décrire et le chiffre des malades et la dureté de la tâche du personnel de santé. Si c'est là un phénomène constant en temps de guerre, on le voyait dans toute son horreur à Kelung.

Jetons un coup d'œil rapide sur les conditions dans lesquelles se trouvait, à cette époque, le personnel de santé. Sur 10 infirmiers, 3 ou 4 tombaient malades, une ou deux semaines après leur arrivée au Japon, et devenaient incapables de remplir leurs fonctions. En voici un exemple : Le 8 juillet, un médecin militaire arriva à Kelung avec 48 infirmiers et commença le service dans l'hôpital d'évacuation. Dans le court intervalle de 15 jours, c'est-à-dire jusqu'au 25 juillet (jour de l'arrivée de notre personnel), 3 de ces infirmiers moururent, 7 furent rapatriés, 6 entrèrent à l'hôpital, et d'autres, sans y entrer, étaient devenus incapables d'aucun service. S'il en était ainsi pour le personnel de santé, on peut juger par ce fait de ce qu'il en devait être des autres résidents.

C'est au milieu de ce désordre et de ce besoin pressant que notre personnel de secours prit son service et s'appliqua avec zèle au traitement et à la garde des malades. Comme ce fut lui qui combla les vides qui se formaient, il fournit, à la demande du chef de l'hôpital, 1 sergent-infirmier et 4 infirmiers nouveaux, ce qui permit de rétablir le bon fonctionnement du service de l'hôpital. Grâce à lui, l'hôpital d'évacuation de Kelung parvint à être mis sur un bon pied, mais la construction des baraquements traînait toujours en longueur, et, au commencement d'août, on avait à se plaindre que les

salles étaient trop étroites, vu l'affluence toujours croissante
des malades. Il arriva même que deux médecins furent, à un
moment donné, chargés de plus de 400 malades gémissant
dans les salles des affections contagieuses. Heureusement,
au milieu d'août, la construction de plusieurs baraquements
parallèles fut achevée, et plus de 1.000 malades purent y
être admis ; de plus, le personnel de santé fut renforcé ; par-
fois même, des médecins ou des infirmiers du 2ᵉ hôpital de
campagne de la brigade mixte venaient seconder le service
de l'hôpital d'évacuation ; tout cela modifia beaucoup sa phy-
sionomie.

Passons au mouvement de notre personnel à ce moment.
Le médecin Tanaka et les infirmiers dépendant de lui avaient
cessé le service de l'annexe dans la caserne des torpilleurs
pour se charger des baraquements de l'hôpital principal ; le
médecin en chef provisoire Mitomi et ses infirmiers avaient
été transférés au service de l'hôpital principal, où ils furent
chargés de toutes les salles des blessés par armes à feu.
C'était un honneur pour notre Société que son personnel fût
ainsi exclusivement affecté à ce service, auquel l'autorité
militaire attache une importance capitale, attendu que les
maladies contagieuses et les blessures par armes à feu donnent lieu très souvent à des questions d'indemnité ou de
pension. Pour que l'autorité militaire ait été réduite à nous
confier le soin des blessés par armes à feu, elle qui, même
après l'arrivée de notre personnel de secours, gardait pour
les médecins militaires la charge des maladies contagieuses
sans vouloir nous les laisser soigner, il fallait qu'elle fût dans
une bien grande pénurie de médecins militaires.

Notre personnel, depuis son débarquement à Kelung, ne
cessa de s'appliquer à son œuvre durant plus d'un mois,
dans ce pays où la chaleur était suffocante et où la température était variable. Pendant cet intervalle, ses membres
tombèrent malades les uns après les autres ; vers le 20 août,
la plupart étaient atteints et obligés de suspendre leurs travaux. Le détachement, composé de 56 personnes au com-

mencement de septembre, avait eu presque tout son personnel, le délégué et le médecin en chef compris, malade ; bien rares furent ceux qui restèrent complètement en bonne santé. Cet état de choses nécessita, à plusieurs reprises, l'envoi supplémentaire de médecins et d'infirmiers et empêcha la réalisation du plan primitivement fixé : quelquefois même on fut obligé de grouper ensemble les infirmiers de deux ou trois sections pour les appliquer au même service.

Cette situation déplorable n'était pas exclusive à notre personnel de secours ; elle était encore partagée par nos armées à Formose. Citons-en un exemple très frappant : A cette époque, une partie de la 1ʳᵉ ligne d'étape résidait à Kelung ; elle comprenait, au moment de son arrivée, 5 officiers et 76 sous-officiers et soldats ; ce personnel, par suite de décès ou de rapatriement, était, le 20 août, réduit à 24 hommes, et de 672 coolies il en restait 150 !

Le 3 septembre 1895, notre personnel de secours reçut de M. Godô, chef du service médical d'étapes de l'armée, l'ordre de s'avancer jusqu'à Taïhoku. Le jour même, il cessa ses travaux dans l'hôpital d'évacuation de Kelung et remit les malades entre les mains des autorités médicales de l'armée. Le lendemain, 4 septembre, le délégué et 4 médecins partirent pour Taïhoku par le chemin de fer ; mais les infirmiers, qui avaient résolu d'aller à pied, furent retenus par des orages et n'arrivèrent à Taïhoku que le 7 septembre.

Au moment de la cessation du service dans l'hôpital d'évacuation de Kelung, le médecin en chef provisoire Mitomi, le médecin Matsumoto et plusieurs infirmiers, en tout 14 personnes, se trouvaient internés comme malades dans l'hôpital. Un sergent-infirmier fut donc laissé en arrière pour les garder. Aussi le personnel qui était réuni à Taïhoku, le 7 septembre, ne comptait-il que les deux tiers du détachement primitif. Plus tard, Mitomi et quelques infirmiers, complètement guéris, purent se rendre à Taïhoku où ils reprirent leurs fonctions ; mais Matsumoto et deux infirmiers moururent et 10 furent rapatriés.

Notre personnel resta de service, à l'hôpital d'évacuation de Kelung, depuis le 25 juillet, jour de son arrivée dans cet endroit, jusqu'au 4 septembre, jour de son départ pour Taïhoku, c'est-à-dire pendant 40 jours. Durant cet intervalle, il fut chargé de différentes salles, à savoir : de l'annexe N° 1 du susdit hôpital (ancienne caserne de torpilleurs), d'une partie des salles de malades atteints de typhus et d'affections internes de tout genre, de salles des maladies externes, et des salles de prisonniers atteints de maladies internes ou externes ou de blessures par armes à feu. Il donna, en même temps, des consultations aux malades venant du dehors. En résumé, les personnes auxquelles il prodigua des soins furent au nombre de 4.898, dont 3.652 internés dans l'hôpital et 1.246 venant à la consultation. Si on les classe par genre d'affections, on compte, parmi les internes : 255 blessés et 3.397 malades ; parmi les externes venant du dehors : 148 blessés et 1.098 malades. Si on les classe par leurs grades ou leur origine, on compte :

	Officiers.	9
	Sous-officiers	112
	Soldats	2.090
Internes	Coolies	1.164
	Indigènes, bandits faits prisonniers.	9
	Japonais.	268
Externes	Indigènes	843
	Japonais.	403
	TOTAL . . .	4.898

II. — SERVICE DE SECOURS À L'HÔPITAL D'ÉVACUATION DE TAÏHOKU.

Notre délégué et les 4 médecins arrivèrent à Taïhoku le 4 septembre dans l'après-midi et se rendirent à la direction des étapes et au bureau du service médical des étapes pour demander des ordres. L'autorisation leur fut donnée de se reposer pendant quelques jours pour se remettre des fatigues qu'ils s'étaient imposées depuis leur débarquement à Kelung. Le 7 du même mois arrivèrent les sergents-infirmiers et les autres infirmiers, dont le mauvais temps avait retardé le départ de Kelung. Le lendemain, notre personnel reçut l'ordre de servir dans l'hôpital d'évacuation de Taïhoku et, le 9, il se livra à l'œuvre de secours dans l'annexe de l'hôpital, établie au temple de Ténkokiou. Cette annexe, appelée « annexe de la 5ᵉ et de la 6ᵉ sections de la ville de Taïhoku », pouvait contenir 600 malades. Notre personnel remarqua aussitôt que l'hôpital et ses annexes étaient, pour la plupart, établis dans d'anciens temples spacieux ; que les malades étaient moins nombreux qu'à Kelung ; que les vivres et les approvisionnements étaient abondants et que, somme toute, le secours était moins chargé. Le 11 septembre, les infirmiers, que la maladie avait retenus à Kelung, arrivèrent à Taïhoku en parfaite santé ; le 14, ce fut le tour du médecin en chef et, jusqu'au 19, arrivèrent successivement le médecin Miyaké Shouzô et quelques infirmiers envoyés par la Société pour suppléer aux vacances. Dès lors, le service put fonctionner aussi régulièrement qu'auparavant.

Dans les premiers jours, le nombre des malades confiés aux soins de notre personnel ne dépassait pas 250 ; les approvisionnements étaient en abondance et notre personnel n'était pas très occupé. Mais, vers la fin du mois (septembre), le temps devint mauvais ; de grands vents et des orages presque continuels obligèrent souvent à suspendre l'évacuation des malades. Aussi le nombre des malades augmenta-t-il de jour en jour dans l'hôpital, qui compta jusqu'à 1.400 malades en tout ; à un moment donné, notre personnel de secours, à lui seul, fut chargé de 800 d'entre eux. L'excès de travail abattit tous nos infirmiers les uns après les autres et, le 25 septembre, plus de 10 avaient été obligés de suspendre leurs travaux. Les affections dont ils étaient frappés pour la plupart étaient la malaria et la diarrhée.

Le service était en souffrance. Le 26 septembre, 4 médecins, engagés par l'autorité militaire, furent attachés à notre annexe d'hôpital pour collaborer avec les médecins de la Société. Mais les infirmiers ne cessaient d'être frappés, si bien qu'au commencement d'octobre, il n'y en avait plus, dans chaque section, que 3 ou 4 de valides, capables d'exécuter leur service. Aussi arrivait-il que 3 infirmiers avaient à soigner jusqu'à 170 et 180 malades. Or, à ce moment même, notre armée avait décidé de faire une expédition dans le Sud, afin de détruire d'emblée les positions des rebelles. Les troupes qui devaient y participer furent envoyées de Kelung par mer. Pour leur transport, on employa presque les trente navires mobilisés pour le service de l'autorité militaire, de sorte qu'il n'en restait plus de disponibles pour le service du rapatriement des malades. Il s'ensuivit que le nombre des malades dans l'hôpital d'évacuation de Taïhoku s'éleva, le 29 septembre, jusqu'au chiffre de 2,000.

Le 3 octobre, l'hôpital d'évacuation principal fut transféré au temple de Buntei et les noms des annexes, changés. L'hôpital principal, divisé en 4 salles, renfermait environ 500 lits. La 1ʳᵉ annexe, établie à Tenkokiou, contenait environ 700 lits; la 2ᵉ annexe se composait de 3 bâtiments, nᵒˢ 1, 2 et 3, formés par la réunion des deux anciennes salles et de l'ancien hôpital et contenait environ 400 lits. Le bureau du personnel administratif était placé dans un des angles du temple de Buntei; le temple de Butei, près de l'hôpital, fut affecté pour la salle de réserve. Ce changement dans la distribution des hôpitaux en amena un autre également dans le service de notre personnel de secours. Celui-ci fut, en effet, divisé en deux groupes : l'un, formé de deux médecins, MM. Tanaka et Miyaké et de quelques infirmières, fut chargé de la salle nᵒ 3 dans la 2ᵉ annexe; à l'autre, formé de trois médecins, MM. Mitomi, Aoyaguí et Magarisaka et de quelques infirmiers, furent confiées les salles nᵒˢ 2 et 4 de l'hôpital principal. La salle nᵒ 3 de la 2ᵉ annexe, affectée aux maladies contagieuses, contenait 200 malades au moment de la remise. Les principales affections étaient le choléra, la dyssenterie, le catarrhe intestinal aigu, le typhus, etc., et comme cette salle renfermait plus de la moitié des malades contagieux de l'hôpital, il en résulta pour notre personnel une aggravation de responsabilité et une plus grande difficulté.

De la fin de septembre au commencement d'octobre, pendant que nos troupes d'expédition pour le Sud quittaient Kelung les unes après les autres, les communications avec la métropole devinrent très rares et l'évacuation et le rapatriement des malades furent, pour ainsi dire, interrompus. Le total des malades dans les hôpitaux d'évacuation de Taïhoku, Kelung, Shinchiku, Shokwa, etc., atteignait le chiffre de 1.000 environ ; l'hôpital de Taïhoku seul en contenait 2.100. Ce fut le moment où, depuis la fondation du premier hôpital d'évacuation dans l'île, les malades furent le plus nombreux. Dans les salles des maladies contagieuses, un spectacle d'horreur s'offrait : partout des moribonds à l'agonie ; partout des cris de douleur et de souffrance ; partout des malades gémissant, se roulant à terre et tombant de leurs lits où ils restaient comme inanimés.

Le 11 octobre, on recommença à évacuer, et 1.900 malades, du 11 au 16, furent expédiés à Kelung, par le fleuve Tausui ou le chemin de fer. Par suite, le service de l'hôpital d'évacuation de Taïhoku se trouva beaucoup allégé. De plus, la saison étant redevenue meilleure et le temps plus beau, les cas de suspension de travail pour cause de santé diminuèrent dans une proportion considérable parmi les membres de notre personnel. D'un autre côté, la Société envoyait de temps en temps des renforts pour assurer la régularité du service. Le nombre des hospitalisés décrut peu à peu ; bientôt après, nos troupes expéditionnaires firent leur entrée à Tainan par la voie de mer. Le chef ennemi, Lioueifuku, s'enfuit et toute l'île fut soumise. Après cela, commença le rapatriement de l'armée d'expédition, de sorte que l'hôpital d'évacuation de Taïhoku n'eut plus besoin de notre personnel, qui reçut, le 10 novembre, l'ordre suivant :

Je m'empresse de vous transmettre ci-joint un ordonne qui vous intéresse :

ASHIWARA NOBUGUKI,
attaché au service des étapes de Formose.

Le personnel de secours de la Société japonaise de la Croix-Rouge est relevé de son service à l'hôpital d'évacuation de Taihoku et est prié d'attendre de nouveaux ordres dans cette ville.

Le 10 novembre.

En conséquence, le jour même, notre personnel remit à l'autorité compétente de l'armée toutes les affaires concernant les salles de malades dont il était chargé, et ainsi prit fin son service à l'hôpital.

Depuis le 9 septembre jusqu'au 11 novembre, les malades soignés par notre personnel furent de 4.051 hospitalisés et de 300 internes, c'est-à-dire 4.351 en tout. L'issue de ces malades fut :

Décès.	74
Sortis de l'hôpital après complète guérison.	358
Évacués au Japon.	3.000
Remis à l'autorité médicale à la remise du service.	619
TOTAL	4.051

Le 20, notre personnel reçut du médecin-inspecteur général Ishizaka l'autorisation de regagner la patrie. Le lendemain, il évacua Taihoku et se rendit à Kelung, d'où il partit le 24 à bord du *Yokohama-Maru*. Le vicomte Kabayama, gouverneur général de Formose, qui rentrait par ce navire au Japon, avait gracieusement offert le passage à notre personnel. Après escale le 26, dans le port de Naha, dans l'île Lioukiou, le navire arriva, le 27, à Kobé où notre personnel débarqua. Il rentra à Tokio le 3 décembre.

CHAPITRE XVI.

Assemblée générale après la guerre.

L'article 16 des statuts de notre Société, alinéa 4, est ainsi conçu:

Dans les six mois qui suivront le rétablissement de la paix, le Président relèvera de leurs fonctions les administrations provisoires ainsi que les membres provisoires du conseil extraordinaire. Il rétablira le conseil permanent et convoquera l'assemblée générale pour lui rendre compte de ce qui aura été fait pendant la guerre.

En conséquence, cette assemblée générale extraordinaire eut lieu, en même temps que la 8ᵉ assemblée générale, le 8 juin de la 29ᵉ année de Meiji (1896), dans l'ancien bâtiment de l'exposition nationale du parc d'Ouyéno, à Tokio. Princes, princesses, hauts dignitaires, personnel et membres de la Société des deux sexes se réunirent, au nombre de 1.300. C'était une assemblée imposante.

S. M. l'Impératrice, haute patronesse de notre œuvre, a bien voulu honorer de sa présence la réunion et prononcer les paroles suivantes :

« *Je suis très heureuse de me trouver aujourd'hui au milieu de vous, à l'occasion de la 8ᵉ assemblée générale de la Société de la Croix-Rouge. C'est pour moi un sujet de satisfaction particulière de constater les brillants résultats que cette Société a obtenus durant la guerre de la 27ᵉ-28ᵉ année ainsi que les progrès incessants qu'elle a faits depuis cette époque.* »

A cette allocution impériale, le maréchal de l'Empire, chef de l'état-major général, S. A. I. le prince Komatsu, président d'honneur de la Société, fit la réponse suivante :

« *La présence de Votre Majesté à cette assemblée générale, après la guerre, tenue aujourd'hui, et les paroles de bien-*

ceillance toute spéciale qu'Elle vient de prononcer sont, pour tous les associés, un honneur sans égal. Depuis la fondation de son œuvre, notre Société, grâce à la sollicitude toute particulière de Votre Majesté, a fait, sans aucun doute, des progrès constants dans ses travaux et est parvenue durant la guerre de la 27ᵉ-28ᵉ année à mettre en pratique, dans une certaine mesure, les principes de patriotisme et de bienveillance à l'égard des militaires. Nous regrettons pourtant vivement que ce qui a été fait soit aussi insignifiant et si peu digne de la profonde bienveillance de Votre Majesté. Mais nous espérons, avec les efforts réunis des deux cent mille membres qui composent actuellement notre Société, arriver à réaliser d'une façon plus étendue le but de la Société et à rendre des services effectifs le jour où un événement quelconque viendrait à surgir. »

Après cette réponse de S. A. I. vint la lecture du compte-rendu du président de la Société. Nous n'avons pas à le reproduire, parce qu'il est identique à ce qui est contenu dans les chapitres précédents.

Puis, M. le baron Ishiguro, médecin-inspecteur général de l'armée, qui, comme directeur général du service de santé en campagne, dirigea, pendant la guerre, les travaux de notre Société, prononça l'allocution suivante :

« C'est pour moi un grand honneur, augmenté encore par la présence de Sa Majesté, d'être appelé par mes fonctions officielles à prendre la parole devant cette assemblée générale, après la guerre, assemblée où je vois réunis un si grand nombre d'associés, tous animés du plus pur patriotisme.

» Le directeur général du service de santé en campagne au grand quartier général a rendu compte, dans tous ses détails, à S. M. le commandant suprême des forces de terre et de mer de tout ce que la Société de la Croix-Rouge a fait à l'égard des blessés des deux armées belligérantes pendant toute la durée de la guerre de la 27ᵉ-28ᵉ année de Meiji. Nos militaires, témoins de toutes les œuvres que notre Société exécuta dans leur intérêt, éprouvèrent autant de joie que de reconnaissance, en songeant que c'était la sollicitude si profonde de S. M. l'Impératrice qui avait inspiré au personnel de la Société le zèle et le dévonement dont il fit preuve dans l'accomplissement de son devoir. Les travaux principaux de notre Société ont consisté à faire aux troupes un accueil sympathique, à donner des soins dans les hôpitaux de réserve, dans les hôpitaux d'évacuation et dans les hospices de charité des territoires occupés, et à assurer le service de secours à bord des navires de transport. Se pliant à la discipline sévère des autorités militaires, elle a bien voulu seconder les travaux du service de santé de l'armée et a réussi au dedans à porter des consolations aux militaires des partis belligérants et à leurs familles et au dehors à provoquer l'admiration des officiers étrangers suivant les opérations et à manifester devant le monde entier les sentiments humanitaires et sympathiques qui caractérisent la nation japonaise. Si notre Société a pu réaliser toutes ses œuvres, elle le doit aux chaleureuses exhortations de S. A. I. le Président d'honneur et aux efforts faits par elle pour les développer ; elle le doit à l'assiduité avec laquelle M. le comte Sano, président, s'inspirant des bienveillantes intentions de S. M. l'Impératrice, n'a cessé d'encourager tous les membres ; elle le doit aussi aux efforts communs de tous les associés. Sa Majesté l'Impératrice, par les paroles pleines de bienveillance qu'elle a daigné adresser à l'assemblée, a répandu du même coup un insigne honneur sur les 211,782 membres de la Société. Ce n'est pas tout : notre auguste souveraine a daigné accorder à M. le Président et aux membres qui ont participé plus directement au service de secours des titres nobiliaires, distinctions honorifiques, récompenses ; aux morts même, ont été attribuées des pensions, absolument comme s'il se fût agi de militaires. Dans d'autres pays, il n'y a pas d'exemples que de pareilles faveurs aient été accordées à des sociétés d'assistance. C'est surtout sur ce point que je tiens à adresser mes félicitations à la Société.

« En rendant hommage aux services rendus par votre Société pendant la dernière guerre et en lui adressant mes félicitations pour l'honneur qu'ils lui ont apporté, je forme des vœux pour que Messieurs les membres, par leur concours de plus en plus actif aux travaux de cette Société, fassent provision de force et d'énergie en temps de paix pour se mettre à même de seconder le service de santé de l'armée, en cas d'événement. »

A l'occasion de cette assemblée générale, le lieutenant-colonel d'infanterie Shimidzu Toshi, qui rendit des services considérables comme délégué général de notre Société pendant la guerre, reçut une médaille d'honneur

APPENDICES

I. — CLASSIFICATION DES SERVICES DE SECOURS.

LIEUX	CONSULTATIONS DONNÉES		TRANSPORTS	TOTAL
	dans les hôpitaux	hors des hôpitaux	escortés	
Aux hôpitaux militaires de réserve, dans l'intérieur.	9.438			9.438
Dans la zone des étapes.	9.646	9.267		18.913
Sur mer		24.216	38.123	62.339
A Formose	7.703	1.546		9.249
Total. . . .	26.787	35.029	38.123	99.939
Secours donnés aux malades et blessés chinois	1.484			1.484
Total général. . .	28.271	35.029	38.123	101.423

II. — DISTINCTION DES MALADES ET DES BLESSÉS.

DISTINCTION	HÔPITAUX militaires de réserve	Dans les ZONES d'étapes	SUR MER	A FORMOSE	CHINOIS	TOTAL
Malades . . .	3.165	3.545	237	268	149	7.364
Blessés . . .	6.273	15.368	23.979	8.981	1.335	55.936

III. — Classification du personnel.

Délégué général	Délégués	Médecins en chef	Médecins en chef provisoires	Médecins	Pharmaciens	Surveillants et s.-surveill. d'infirmier[s] et infirmières en chef
1	6	7	9	211	23	31

Secrétaires et trésoriers	Infirmiers	Infirmiers en chef et sergents infirmiers	Infirmiers	Aiguiseurs	Huissiers	Total
28	674	30	535	2	7	1.567

IV. — Membres du personnel de secours morts pendant le service.

Médecins	Infirmier sergent	Infirmières	Infirmiers	Total
2	1	4	18	25

V. — État récapitulatif des Recettes et des Dépenses pendant la guerre et pendant l'expédition de Formose.

Recettes.

	yen	sen	rin
En caisse au commencement de la guerre . . .	288.593	55	6
Provenant de dons et de souscriptions au cours de la guerre.	73.334	77	2
Cotisations annuelles des membres de la Société.	731.706	34	0
Total . . .	1.095.634	66	8

Dépenses.

1° *Guerre sino-japonaise.*

Indemnités au personnel de secours	163.836	84	8
Voyages du personnel	15.671	79	5
Récompenses	47.265	56	5
Matériel de santé	32.174	14	8
Soins des malades	2.237	07	5
Inhumation des membres du personnel	966	05	8
Visite aux malades	1.562	08	0
Réception des troupes en voyage	6.063	48	1
Transport des dons en nature	4.170	01	4
Transports et communications en général	5.439	99	7
Constructions des baraquements	7.627	35	7
Dépenses diverses	19.954	66	8
Dépenses du service de secours des sections locales	103.194	47	7
Total	410.163	56	3

2° *Expédition de Formose.*

Indemnité au personnel	11.174	83	4
Voyage du personnel	900	42	0
Soins aux malades	93	02	0
Réception des troupes en voyage	406	23	0
Transports et communications en général	352	11	0
Dépenses diverses	705	97	2
Total	13.632	60	6

Récapitulation des Dépenses.

Guerre sino-japonaise	410.163	56	3
Expédition de Formose	13.632	60	6
Total général	423.796	16	9

Récapitulation générale.

Recettes	1.095.634	66	8
Dépenses	423.796	16	9
Reste en caisse après la guerre	671.838	49	9

TABLE DES MATIÈRES

———

LA ROCHELLE IMPRIMERIE NOUVELLE NOEL TEXIER

———